Cache-cache et chat perché

les mots du jeu

leRobert

À Witold et à Jeanne.
　　　　　　A. C.

L'auteur remercie Philippe Schomus de Malmédy
pour la règle du jeu du « couillon ».

texte : Anne Cauquetoux
illustrations : Jean-Pierre Lamérand

responsable d'édition : Nathalie Piquart
coordination rédactionnelle : Marie-José Brochard
lecture-correction : Annick Valade et Anne-Marie Lentaigne
conception graphique et mise en page : Hélène Lemaire

© 2007, Dictionnaires Le Robert, 25, avenue Pierre-de-Coubertin, 75013 Paris
ISBN : 978-2-84902-390-7

Avant-propos

Amstramgram, chat, pouce : les mots du jeu ont le goût de l'enfance. Ils gardent la mémoire des cours de récréation, des galipettes dans les prés et des escapades dans les bois. Mais aussi celle des parties de boules sous les platanes, des grands rassemblements festifs sur la place du village ou des moments, plus intimes, partagés autour d'une table. Ils portent en eux ces instants magiques où le plaisir d'être ensemble l'emporte sur le reste – la volonté de gagner, le dépit de perdre.

1 Les règles du jeu

Quel est le lien entre des pratiques aussi différentes que les jeux d'échecs, le jeu de quilles, les jeux à gratter (les **gratteux** québécois) ou les jeux de marelle ? On songe d'emblée au divertissement et au plaisir, et il suffit pour s'en convaincre de remonter à l'origine du mot : dans les textes écrits du Moyen Âge, le « jeu » est transcrit par deux termes latins, *jocus*, « jeu en paroles » ou « plaisanterie, badinage » (dont l'anglais *joke* et le nantais **jouerie** ont gardé le sens), et *ludus*, « jeu en action », « jeu organisé » (d'où l'adjectif *ludique*). *Jocus*, puis *giu* (XIIe siècle), « jeu », a fini par prendre le pas sur *ludus*, désignant désormais toutes les sortes de jeux : de cette origine, le jeu a gardé quelque chose de définitivement plaisant et léger, de facile, un vrai « jeu d'enfant ». Ce côté désinvolte (« faire quelque chose par jeu ») se retrouve d'ailleurs dans l'expression wallonne **jouer avec** lorsqu'on exagère dans la légèreté à l'égard de quelqu'un.

> « *Comme tous les véritables joueurs, elle connaissait le bonheur de perdre.* »
> Pierre Drachline,
> *Une enfance à perpétuité*, 2000.

Un peu de sérieux ! Pourtant, le jeu n'est pas synonyme d'amusement :
une partie de bridge n'est pas forcément prétexte à rire. Il y a du sérieux dans le jeu, comme le prouve l'expression picarde « **ça c'est des jeux !** » (« quel malheur ! »), employée pour évoquer un événement malheureux.

Les jouettes et les autres

Alors de quoi le jeu est-il fait ? De joueurs tout d'abord. Des personnes libres d'accepter de jouer, libres d'entrer dans la communauté des joueurs. Celle-ci se crée en fonction d'affinités : les sportifs avec les sportifs, les calmes avec les calmes, les garçons avec les garçons et les filles entre elles. Il y a toujours des exceptions : ainsi des **garagnasses** (Forez), ces filles qui aiment les jeux violents des garçons – ce qui, jadis, n'était pas toujours bien vu, mais finalement pas moins que ne le sont les **Jean la fille** (Forez), ces garçons qui préfèrent les dînettes aux jeux de billes. Pour ceux qui ne sont pas dans le jeu, le cercle des **jouettes** (les personnes enclines à jouer en Wallonie, Champagne, Nord et Pas-de-Calais) forme un monde étrange d'individus gaspillant leur temps et leur argent.

Mais, pour les joueurs eux-mêmes, chaque « partie » est vécue comme un délicieux morceau de vie à part, volé au temps sérieux. Isolé des activités fécondes, ce temps déterminé possède un début – on « centre en jeu », expression qui a dépassé l'espace ludique pour désigner le fait d'intervenir dans quelque activité que ce soit – et une fin. Il faut accepter de jouer le jeu jusqu'au bout, sauf chez les enfants, où sortir du jeu avant la fin est possible à condition de connaître la formule magique : « pouce ! », « **escarge !** » (Saint-Étienne), « **quine !** » (Isère), « **cèbe !** » (Provence) ou « **go !** » (Pays nantais). L'ouverture de la cérémonie ludique se fait, quant à elle, selon une série de rituels censés marquer l'intronisation des participants – unis par un vocabulaire particulier – dans le jeu : protocoles de la distribution des pièces, des cartes ou des rôles, du choix du premier

---

Les joueurs sont « paresseux, inutiles à la société [...], superstitieux, impatients, [...], trompeurs ».

La Bruyère, *Caractères*, 1688.

« Une seule chose importe : apprendre à être perdant. »

Emil Michel Cioran, *De l'inconvénient d'être né*, 1973.

> **LES CATÉGORIES DU JEU**
>
> Il revient à Roger Caillois le mérite d'avoir éclairci la jungle du monde ludique en mettant en lumière les quatre ressorts fondamentaux qui régissent les jeux :
> – le principe de compétition (les joueurs s'affrontent pour gagner, qu'il s'agisse de jeux d'adresse comme les jeux de boules ou du jeu d'échecs) ;
> – la chance et le hasard (jeux de dés, loteries et jeux de casino) ;
> – l'imitation et le simulacre (jeux avec des poupées ou des petites voitures, ou, par exemple, le « **Je déclare la guerre à...** » vosgien et bordelais, qui consistait à se partager fictivement le monde, ou encore jeux de rôle) ;
> – le vertige (le vertige physique que l'on éprouve dans les sauts, les balançoires et les manèges de fêtes foraines : **carrousels** belges, suisses ou québécois, **carroussels** de l'île Maurice, **moulins** de Bruxelles et autres **pousse-pousse** alpins...). Certains jeux ressortissent d'une seule de ces catégories, d'autres de plusieurs (jeux de cartes à la fois jeux de hasard et de compétition, par exemple). ∎

joueur, de la manière de fixer les enjeux ou de compter les points, différents selon chaque jeu et auxquels personne ne dérogerait.

Amstramgam… c'est toi qui y es !

Désigner celui qui commence, l'**enguignoter** ou l'**entrôner** (Jura), se fait généralement par tirage au sort, afin de laisser à l'injustice du sort la responsabilité du choix. Chez les adultes, le rituel est simple : jet de dés ou, le plus souvent, tirage d'une carte ; pour les jeux d'adresse, un premier coup hors jeu, en lançant sa boule ou sa quille, fera l'affaire : c'est **quiller** dans l'Ouest, **guiller** à Saint-Étienne ou **bouler** dans les Alpes. Chez les enfants, désigner le **darné** (Alpes), le premier qui commence, le chat ou le meneur de jeu, celui qui **bougne** (Creuse) est prétexte à un jeu en soi. Le plus répandu est celui des comptines, chansons « à compter », comme *Amstramgram*, permettant d'éliminer au fur et à mesure les candidats, et dont on a généralement perdu le sens : c'est, dans la Drôme et l'Isère, **plomber** ou **ploumer**, dans les Alpes, **plombiner**, dans le Jura, **entropiner**. Si l'on commence, avant de chanter, par deux coups d'index en bas, « trou-trou », on **troue** dans le Nord. Autre façon de faire : tirer à la courte-paille, appelé **pailler** en Aquitaine, **pageler**, parfois **palmer**, dans le Languedoc. Il est également possible de tirer au sort en posant alternativement un pied devant l'autre, c'est-à-dire, tout simplement, **piéder** dans le Beaujolais, **déquiller** en Auvergne ou **quiller** dans l'Ouest (Poitou, Charentes et Vendée). Le premier qui marche sur le pied de l'autre l'emporte.

Mauvais joueur

À présent qu'on est entré dans le jeu, il faut accepter d'en suivre les règles, nommées de façon explicite le **droit du jeu** en Wallonie, ou sinon renoncer à jouer. Ces règles ne sont pas toujours écrites, ce qui est le cas de la plupart des jeux traditionnels, transmis de bouche de joueur à oreille de joueur : ce qui est considéré comme acceptable relève d'une simple convention de départ. Conventions primordiales, car ce sont elles qui permettent au jeu de se dérouler sans heurt. Tant pis pour le mauvais joueur, qui conteste les règles par mauvaise foi ou les ignore ! Le mauvais joueur joue mal, ne « joue pas le jeu » ou joue trop « petit jeu », comme les **joureaux** de l'Ancien Régime (Furetière). Attention cependant à ne pas confondre mauvais joueur et tricheur : ce dernier, lui, fait semblant d'accepter les règles pour mieux les dévoyer en secret. Spécialiste des coups tordus et des dés pipés (un **pipeur** était autrefois un tricheur), il force parfois l'admiration pour son ingéniosité : instruments trafiqués, dextérité du joueur de *bonneteau*. Le tricheur a mis de côté la part gratuite et aléatoire du jeu : il est là pour gagner, en tirer profit. Il rejoint parfois les voleurs, la grande confrérie de la Coquille, ceux qui vivent en marge de la société comme lui-même joue en marge des règles du jeu. Est-ce pour rejeter la faute sur le dos d'autrui que les tricheurs professionnels ont été surnommés *grecs* durant tout l'Ancien Régime ? Le mot *grigou* dérive d'ailleurs de la forme provençale de grec, *greigo*.

« Je ne joue pas le jeu, parce que je suis contre la règle. »
Louis Calaferte, *Paraphe*, 1974.

« Le tricheur est bien celui qui corrige le sort, donc le réel, donc c'est un mystique en son genre. »
Antonin Artaud, *Œuvres complètes*, t. III, 1931.

« Les dames, les cartes et tous les jeux de société qui rassemblent deux à six joueurs exigeaient des règles supplémentaires, des conventions bien définies, afin que le bluff et la tricherie n'aient pas constamment l'avantage sur la chance. »
Régine Detambel, *La Quatrième Orange*, 1992.

Gare aux filous !

La grande affaire des tricheurs, ce sont les jeux de hasard : selon Furetière, un **filou** était originairement une sorte de *toton* (voir p. 36), qu'on lançait sur la table en espérant, pour gagner, qu'il s'arrêterait sur toutes les faces sauf celle marquée de noir. Avant de désigner une personne un peu canaille, le filou était exclusivement un tricheur, sens que le mot a gardé en Artois, où **filouster** c'est « tricher au jeu » et, à Lille, **faire du filou**. La région de Gap a son **chicagneur**. Tricher se dit **haricoter** dans l'Ouest (Poitou, Charentes et Vendée), **chinder** ou **mascogner** en Suisse, **coquiner** en Acadie. Dans tout le Sud-Est et les Alpes ainsi qu'en Suisse, le terme **frouillon** (littéralement le fraudeur) est, quant à lui, délaissé peu à peu par les jeunes joueurs pour le terme de **frouilleur**, sans doute plus proche de celui de tricheur. Le tricheur est un **macro** en Afrique francophone, un **croche** au Québec, et la tricherie se dit **manbouloulouk** aux Seychelles, **trichage** au Québec.

> « *La fraude,*
> *qui blesse la conscience,*
> *peut être usée envers qui a confiance*
> *ou envers qui ne l'a pas accordée.*
> *Ce dernier mode rompt seulement*
> *le lien d'amour que produit la nature ;*
> *ainsi ont leur demeure au dernier cercle*
> *hypocrites, sorciers, adulateurs,*
> *faussaires, voleurs et simoniaques,*
> *ruffians, tricheurs et ordures semblables.* »
>
> Dante, *La Divine Comédie : l'Enfer* (1314), trad. Jacqueline Risset [chant XI].

« À chaque nouvelle partie, et joueraient-ils toute leur vie, les joueurs se retrouvent à zéro dans les mêmes conditions qu'au premier début. »

Roger Caillois.

13

« Par là-dessus on dit que M. le vicomte est si beau joueur ! — Admirable... gagnant de grosses sommes avec encore plus d'indifférence qu'il ne perd... Et pourtant je n'ai jamais vu perdre plus galamment. »

Eugène Sue, *Les Mystères de Paris*, 1842.

Même pas mort ! La tricherie existe car le jeu n'est pas simple amusement :

tout jeu organisé nécessite un « enjeu », ce qui est mis *en jeu* avant la partie et qu'il s'agit de gagner : des billes, de l'argent ou tout objet devant revenir au gagnant à l'issue de la partie. Parfois, on joue pour « du jeu » ou pour **de mauve** (Champagne), et les enjeux sont rendus après la partie. Dans les jeux dits « innocents », comme la plupart des jeux de société, les enjeux, plus virtuels, s'appellent *estime, admiration, honneur* ou simple plaisir de jouer. Tout joueur escompte un gain en même temps qu'il accepte le risque de perdre. Et tant pis pour qui a perdu, a **masqué** (Gap) ou **chalé** (Jura), il est **tordu** (Drôme, Ardèche) ou **capote** (Seychelles), et, s'il a tout perdu, il repart du jeu complètement **repiné** (Champagne), **requé** (Bordelais) ou **rané** (Franche-Comté). Les gagnants les plus **combatifs** (Québec) se réjouissent d'avoir fait subir une défaite écrasante à l'autre, de l'avoir **plumé** ou **lavé** (Québec), **balayé** (aux Seychelles et au Québec), **gagné** (en Afrique francophone), **roqué** (dans les Ardennes) ou **quélé** (en Auvergne). Mais sont-ils encore de bons joueurs ? Cependant, ce qui est bien avec le jeu, c'est que le perdant peut être **moraillé** (sanctionné à Saint-Étienne) ou complètement **cousu** (dépouillé dans le Velay), mis hors jeu, **mort** (Québec). C'est que perdre n'engage rien de fondamental sur la vie réelle. Jouer ne met pas en péril, rien n'est définitif.

Parfois il n'y a ni gagnant ni perdant, quand on *fait rampeau*, ex-aequo, **bouf** en Belgique. Mais le plus beau du jeu, n'est-ce pas la *belle*, joliment appelée **consolante** dans le Languedoc, le Roussillon et dans l'Ain – une belle qui n'est jamais si belle que pour les espoirs de revanche qu'elle porte ?

> « *Ce que les joueurs regrettent par-dessus tout, d'ordinaire, c'est moins la perte de leur argent que celle de leurs folles espérances.* »
> Jules Verne, *Vingt Mille Lieues sous les mers*, 1869.

TOUT CE QUE LE MOT « JEU » VEUT DIRE

S'il recouvre à la fois l'idée de divertissement et de jeu organisé, le mot jeu (**jouet** dans ce sens en Bretagne) désigne également les instruments et accessoires nécessaires à ces jeux (jeu de quilles, de boules et d'échecs) et, par extension, l'ensemble complet d'un mécanisme ou d'un tout (jeu de voiles ou jeu d'épreuves d'imprimerie) qui rappelle la totalité que représente le jeu.

Le mot jeu désigne aussi la manière originale dont on se conduit, la façon d'agir, qui distingue tout individu d'un autre : jeu tout en nuances d'un acteur, jeu virtuose d'un pianiste. D'où la manière de se comporter dans la vie : *mener double jeu, jouer franc-jeu, entrer dans le jeu de quelqu'un*, ou l'expression québécoise **lire le jeu** d'un adversaire, pour deviner ce qu'il va faire... Cette acception du jeu dans le sens de « tactique, manière de conduire le jeu » se dit **jouerie** dans le Lyonnais.

Enfin, le jeu est aussi l'espace laissé dans un mécanisme pour que celui-ci fonctionne parfaitement, ne se grippe pas : le jeu d'un ressort, d'un verrou. Le jeu, c'est l'espace de liberté laissé à quelque chose de très réglé pour que « cela fonctionne ». Le ressort fondamental du jeu n'est-il pas, lui, la liberté laissée au joueur de manœuvrer au sein de règles établies ? ■

2 Jeux spontanés : jeux de mains, jeux de jambes

Toujours à portée de main, le corps constitue tout naturellement le premier instrument de jeu. Sauter, courir, bouger les doigts : de ces plaisirs simples, les petits enfants font leurs premiers jeux, solitaires et étourdissants. Vient ensuite le temps de jouer à plusieurs, puis en équipes : les règles peu à peu se précisent, les enfants découvrent le plaisir de confronter leurs aptitudes physiques à celles des autres. Pour les adultes, les jeux sans instruments sont plutôt des jeux d'esprit et des jeux de mains, un peu oubliés aujourd'hui, mais qui firent fureur dans les salons des petits marquis et grandes duchesses.

De l'art des chatouilles **Les tous premiers jeux sont introduits par les parents :** qui n'a jamais fait sauter ses enfants sur ses genoux, « à dada » ou **kadadak** (Seychelles) ? Qui n'a jamais fait **tatouille** avec son petit, ou pratiqué l'art de se chamailler avec lui en le chatouillant (Dauphiné) ? L'enfant taquin **jarjille** à Saint-Étienne, a vite fait de comprendre et de rendre la pareille. La plupart de ces petits jeux sont d'ailleurs nécessaires au développement des enfants, comme jouer à **gnac** en Ardèche (on présente un objet à l'enfant, qu'on lui retire aussitôt) ou **faire couquette** dans le Velay (on apparaît puis on se cache). Tous les éducateurs savent désormais que ces

jeux aident les enfants à intégrer la notion d'absence (celle de la mère surtout) et donc à leur faire prendre conscience de leur autonomie.

VERTIGINEUX JEUX DE SQUARE Désormais les squares, ou **jardins d'enfants** à l'île Maurice, ménagent des toboggans à tous les enfants, qu'ils soient des plaines ou d'ailleurs. Appelé **glissoire** au Québec (**glissade** à l'île Maurice), le toboggan est pourtant un mot d'origine canadienne. Venu de l'algonquin *otaban*, « traîner », le toboggan était à l'origine un traîneau sans patins. Au début du XX° siècle, il se fait attraction de foire, avant de devenir le jeu de square préféré des petits enfants. À côté des toboggans trônent également les balançoires, **balancettes** dans le Nord et **balancines** québécoises, et les jeux à bascule, **see-saws** au Québec. Leur principale qualité ? Donner un délicieux **vire-vire** (Marseille), bref, le tournis ! ∎

Sauter, tourner, courir
Plus tard, les jeux préférés des enfants sont ceux dans lesquels ils exercent leur motricité. Ces jeux se mettent en place de façon improvisée, à condition de bénéficier d'un peu d'espace, si possible une **plaine de jeux** (Belgique, Seychelles). En général, les enfants prennent leur plaisir chacun pour soi, même si c'est beaucoup mieux de le faire à plusieurs. Se passer les jambes par-dessus la tête (**le signe du fourchas**, ou **du fourchu**, en Anjou), faire des galipettes (**cumulets** en Belgique, **coustiques** à Maurice) ou le poirier (**piécoco** aux Seychelles), sauter à travers des torrents ou par-dessus des rochers sans se mouiller (**saute-tarau** en Franche-Comté).

Les glissades et culbutes s'organisent surtout là où le terrain s'y prête, à savoir les pays de collines et de montagnes pourvues de bonnes pentes, herbeuses ou neigeuses, c'est selon : en Isère, on jouait jadis à **cacabelette** ou **cacablette**, à Vienne on faisait **quinet** (du jeu de bâtonnets du même nom, voir p. 30), en Savoie on **cupessait**. Faire la **roule-barrique**, dans le Bordelais, c'est également se laisser rouler dans la descente. **Se glisser à la jouvente**, c'est glisser à croupeton en Franche-Comté. Sur la glace, les enfants **coulanchent** à Saint-Étienne, jouent à **calome** à Vienne, tandis qu'au Québec ils s'en donnent à cœur joie dans les **glissoires**. Ce même mot désigne d'ailleurs dans la Belle Province nos toboggans.

Rondes et chandelles

Peu à peu, les enfants apprennent à jouer ensemble et non plus côte à côte. Ainsi les rondes, qui seront d'autant plus appréciées qu'elles seront un peu vives, comme la **grippette** franc-comtoise, dans laquelle les enfants tournent, le corps rejeté en arrière, en se tenant par le bout des doigts. Dans la *chandelle*, appelée aussi *renard passé*, *mouchoir* ou **traîne-mon-balai** (Poitou), les enfants s'assoient en cercle ; l'un d'eux, tournant autour des autres, laisse tomber un mouchoir derrière un joueur. Si, au bout d'un tour, l'enfant n'a pas vu le mouchoir, il devient « chandelle » et s'en va au milieu du cercle ; sinon il tâche d'attraper le premier coureur.

À cheval sur mon mouton

Les gestes ludiques corporels nécessitant beaucoup de dépense physique, comme sauter ou courir, s'intègrent dans des jeux aux règles plus complexes à mesure que les enfants grandissent. Ainsi le saute-mouton, connu sous le nom de **coupe-tête** jusqu'au XIXe siècle et de **semelle** à Saint-Étienne.

Sous sa forme de saute-mouton, c'est un jeu d'agilité un peu anarchique, où chacun joue pour soi. Le **casse-œufs** (Champagne) était déjà nettement plus élaboré : celui qui sautait devait faire tomber son béret sur celui du mouton posé par terre ! Quant au **cheval fondu**, il s'agissait d'un jeu d'affrontement par équipes assez violent, les moutons devenant ici des chevaux. Ils devaient se tenir les uns aux autres en file, le premier prenant généralement appui sur un mur ou sur un

> « À saute-mouton, ils encerclent d'une chaîne infinie la place, et ils remontent aussi sans arrêt une montre brisée, la seule qu'on leur laisse. »
>
> Jean Giraudoux, *Simon le Pathétique*, 1918.

autre joueur, la **mère**. L'autre équipe (les cavaliers) leur sautait dessus jusqu'à ce qu'ils tombent (ou « fondent »). En Provence, le cheval, unique, avait le droit, quand il n'en pouvait plus de porter trois ou quatre cavaliers, de crier « **cèbe !** » et son tour prenait fin. De là, sans doute, l'expression bordelaise **faire crier cève** (autre forme de **cèbe**) pour « faire crier grâce » dans un jeu. La violence a d'ailleurs souvent accompagné les jeux collectifs de garçons. Ainsi **la mouche**, jeu cité par Furetière au XVIIe siècle, dans lequel l'un des joueurs – la mouche – était frappé par tous les autres !

Gare au couraillage

Il n'est d'ailleurs pas rare qu'au cours du jeu, l'excitation s'exacerbe, les enfants, surtout les garçons, courent dans tous les sens en se bousculant, ils **couraillent** (Québec), voire se chamaillent, **se tiraillent** (Québec). Les bagarres, **batestes** en Languedoc, permettent de s'affronter et de tester les hiérarchies dans le groupe, à coups de poing (**poing-poing-cugne** dans le haut Jura, **petit-cochon** dans l'océan Indien), à coup de tête (**casse-coco** à la Réunion et à Madagascar). Mais il n'est pas forcément besoin de **viorner** son adversaire (de le faire rouler dans la poussière, Isère) pour se mesurer à lui. L'histoire peut se régler à coups de main, avec un bon bras de fer, le **tir au poignet** québécois, ou, dans le Velay, à **coin-coin-souche** ou **poing-poing-souche** : le poing d'un des joueurs fait office de souche, le poing de l'autre de hache. La souche gagne si elle est assez rapide pour s'en aller avant d'être hachée menue.

« Rien ne prépare un jeune garçon à se retrouver soudain seul avec une fille. Je savais me battre, jouer aux billes, à tic et pat, aux osselets, faire l'araignée à la délo, me percher comme un chat, crier « pas le droit de retoucher son père ! », mais je savais pas quoi dire à celle qui m'avait rejoint derrière une porte, au fond d'une cave ou à l'abri d'une palissade de chantier. Une horrible crainte me sciait le ventre. La peur de prononcer un mot qui la ferait détaler, de risquer le geste qui la ferait appeler sa mère. »

Gérard Mordillat, *Rue des Rigoles*, 2002.

Jeux de poursuite

Les jeux de poursuite, ou **mottes** à Saint-Étienne, permettent de canaliser toutes ces énergies enfantines. Le plus simple de ces jeux est celui connu généralement sous le nom de *chat* (**tape** dans le Lyonnais, **courate** en Suisse et dans le Jura, **loup** en Nouvelle-Calédonie, **tag** au Québec, **puce** en Poitou et en Vendée, **lipato** au Congo). L'un des joueurs est désigné pour être le « chat » ou le **maire** (Réunion). Il doit se débarrasser de ce rôle ingrat en touchant un autre joueur, qui prend sa place. Il s'agit alors de courir « **à fond loulou dans la caillasse** » (Nouvelle-Calédonie), sauf dans la version « chat perché », appelée **bé** ou **bec perché** dans les Alpes, **gigot** en Franche-Comté, **patte perchée** dans le Jura et en Ardèche, où l'essentiel est de trouver une **sauve** (Anjou), un refuge haut perché. Jouer aux **postures** en Belgique nécessite de rester immobile le plus longtemps possible.

Les yeux fermés

Dans le Pilat – région située au sud-ouest de Lyon –, dans le Jura et en Ardèche, jouer **à la patte** ou **à pate**, de même que le **touche-touche** ou **touche-à-tout** de la Drôme, désigne tous les jeux dans lesquels il faut se toucher, aussi bien chat que colin-maillard. Ce dernier est effectivement un jeu de poursuite, mais avec handicap : le « chat » a cette fois les yeux bandés, **pliés** (Provence) ou **clugnés** (dans tout le Sud-Ouest). Jouer à colin-maillard se dit d'ailleurs **cligner** dans le Languedoc et le Roussillon, du latin *cludere* « fermer » (d'où vient le français

---

LE JEU DES BARRES

Jeu de poursuite plutôt élaboré, puisqu'il nécessite un espace délimité et la mise en place d'équipes équilibrées, le jeu des barres fut un jeu de garçons largement joué dès le Moyen Âge (Charles le Téméraire en était féru, Napoléon aussi). Devenu un jeu d'enfants, il a aujourd'hui quasiment disparu des cours de récréation.

En voici les règles : deux équipes adverses sont dans leur camp respectif, délimité par des barres fictives (qui ont donné leur nom au jeu). Un joueur de l'équipe qui commence sort de son camp et provoque un adversaire en disant « barre, baron, barrette » et en le tapant. Il se sauve, et l'adversaire qui a « barre sur lui » doit le rattraper et le faire prisonnier.

Le jeu a donné l'expression *avoir barre sur quelqu'un*, signifiant « avoir l'avantage ». ■

courant *cligner des yeux, clignement*). Il doit reconnaître celui qu'il attrape, les autres le titillant en l'attrapant par-derrière. Il n'est d'ailleurs pas rare de tomber : gare aux bosses ou, comme l'on disait jadis : « **gare le pot au noir !** », « **gare le pot à la graisse !** »

> « *Sa majesté, sautant alors à bas de son trône, déclara que c'était son plaisir royal de jouer à colin-maillard, mais il s'ensuivit un tel tohu-bohu parmi les sénateurs qui se poussaient, se pressaient, se pinçaient et se bousculaient pour être le premier à porter le bandeau sur les yeux, que dans la cohue sa majesté fut renversée et eut au front une bosse aussi grosse qu'un œuf de pigeon, qui la fit hurler si fort qu'on l'aurait entendue de Tipperary.* »
>
> Horace Walpole, *Contes hiéroglyphiques*, trad. René de Ceccatty, 1995.

Très ancien jeu, cité chez le chroniqueur Froissart et Christine de Pisan au tournant des XIVe et XVe siècles sous le vocable **Qui t'a frappé ?**, appelé aussi, au Moyen Âge, **paumelle**, **chapifou** et **capefol** par Rabelais, **frappe-main** par Furetière, la *main chaude* s'apparente au colin-maillard : un des participants tiré au sort se laisse bander les yeux ou se cache la tête dans les genoux du meneur de jeu. Les autres joueurs, à tour de rôle, viennent le frapper dans le dos ou sur la main qu'il tend derrière lui. Celui-ci doit deviner qui l'a frappé : s'il trouve, il est remplacé.

Cache-cache
Autre jeu dans lequel il faut fermer les yeux : le jeu de cache-cache, jadis appelé *cligne-mussette* ou *cligne-musette* (de *cligner* et de l'ancien français *mucier*, puis *mucher*, *musser*, « se cacher »).

COLIN OU MAILLARD ?
D'où vient le mot colin-maillard ? Vraisemblablement de deux prénoms, Colin (Nicolas) et Maillard qu'on trouve dans la formule « Colin cherche Maillard », qui ne remonte guère au-delà du XVIe siècle. La légende raconte qu'au Xe siècle, un valeureux Liégeois nommé Colin était devenu expert dans l'art de manier le maillet pour occire ses ennemis. Ayant eu les deux yeux crevés au combat, il n'aurait pourtant pas renoncé à se battre : le maillet en main, il aurait continué à s'élancer au plus fort de la mêlée, frappant à tort et à travers... Histoire sanglante pour un jeu inoffensif ! ■

« *Ils jouaient, ils jouaient, des enfants inlassables, gendarmes et voleurs, colin-maillard, les mots et les idées.* »

Jacqueline Harpman, *La Mémoire trouble*, 1987.

C'est la **clignette** dans les Ardennes, le **clignet**, **clugnet** ou **cligné** dans la région Midi-Pyrénées. Mais à cache-cache, la cachette compte plus que les yeux fermés. On connaît le jeu sous le vocable de **cache-cachotte** dans le Bordelais, **cachette** en Saône-et-Loire et au Québec, **cachette délivrante** en Lorraine, **câlette** en Franche-Comté, tout simplement **cache** ou **ilai cachant** en Suisse, **cache-cache Nicolas** aux Seychelles et **loup-cachette** ou **loup-couru** à la Réunion. Mais on rencontre aussi **jouer à couc** dans l'océan Indien, **jouer à cute** en haute Bretagne ou **à vistre** dans la Drôme. Quel que soit le terme, les règles sont toujours à peu près les mêmes : tandis que l'un des joueurs – le **clignet**, en Languedoc – se cache les yeux et compte – il **clugne** ou **cougne** (Hautes-Alpes), **clume** (Bordelais), **bône** (Basse-Normandie), **bouche** (Poitou, Charentes et Vendée, Seychelles), **boude** ou **dort** (Poitou), **groume** (Drôme), **pluit** (Var, Provence), **plume** ou **tole** (Cévennes) –, les autres partent se cacher (**se camarrer** dans le Bordelais). Le joueur déniché (**dévisté** en haute Bretagne) est celui qui **colle** (Franche-Comté) à son tour, la tête contre le mur pour ne pas voir où les autres se cachent. Il existe cependant deux variantes de cache-cache : celle où il est interdit de bouger une fois caché, le **couque caché** de l'île Maurice, et celle où le cache-cache se termine en jeu de poursuite, le **couque maillé** également à Maurice.

Folâtreries La famille des cache-tampon est proche du cache-cache, à cela près que les joueurs cachent un objet. Au XVIIe siècle, le **cache-cache mitoulas**, encore connu sous le nom de **cache-cache**

> « *Les portes ouvertes entre les pièces permettaient à chacun de se déplacer à sa guise et de jouer à sa manière cette partie de cache-cache vu ou de cache-cache pris à laquelle les invités d'une fête, qui se connaissent ou s'ignorent, se cherchent ou se fuient, passent la majeure partie du temps qu'ils y restent. En ce sens, la partie était bien commencée.* »
> Jacques Bellefroid, *Voyage de noces*, 1986.

> « *Cache-cache veut dire : des enfants élisent un chasseur qui ferme ses paupières tandis qu'ils dissimulent leurs corps dans le lieu.* »
> Pascal Quignard, *Rhétorique spéculative*, 1995.

mâillotte en Franche-Comté (la maille étant une piécette), fort prisé, n'était pas réservé aux enfants : un objet était dissimulé sur quelqu'un et une tierce personne était chargée de deviner où. Dans la variante du **coutel-mourrou** ou **coutelou-mourrou** (Languedoc), on camoufle simplement quelque chose entre ses mains. L'Ancien Régime connaissait aussi le jeu **à pair ou à non**, dans lequel il fallait deviner si le nombre de choses cachées était… pair ou impair ! Tous ces jeux avaient jadis beaucoup de succès dans les salons. On les regroupait, au XVIIe siècle, avec les jeux de paroles, devinettes ou énigmes (**sirandane** aux Seychelles), sous le terme de **folâtreries**.

> *« Que diable est ceci ? Je croyois trouver un homme bien savant, qui me donneroit un bon conseil, et je trouve un ramoneur de cheminée qui, au lieu de me parler, s'amuse à jouer à la mourre. Un, deux, trois, quatre, ha, ha, ha ! »*
>
> Molière, *La Jalousie du barbouillé*, scène II.

LA MOURRE

Ce jeu d'origine italienne *(morra)*, auquel les Romains jouaient déjà, était très en vogue sous l'Ancien Régime. Les deux adversaires, debout, se font face, main droite en avant, paume en l'air. Ils doivent à la fois proposer un nombre avec les doigts de la main droite (le poing fermé signifiant zéro) et en énoncer un autre à voix haute. Gagne celui qui a énoncé à voix haute la somme indiquée par les doigts des deux joueurs.

Ce jeu se pratique encore dans tout le sud de la France, en Corse et au Pays basque. Ailleurs, la mourre est désormais distancée par sa variante silencieuse, le **chi-fou-mi** (« papier, ciseaux, pierre »). ■

3 Jeux spontanés : cailloux, bâtons et bouts de ficelle

Après avoir profité de toutes les ressources ludiques de son corps, il était naturel que l'on se tournât à présent vers Dame Nature pour trouver de quoi assouvir sa passion : par terre, cailloux et gravillons, ou en l'air, fruits et bâtons. Déplacer un objet avec la main, le lancer le plus loin possible ou en visant une cible, voilà qui est fort amusant : ainsi sont nés les jeux d'adresse.

Tandis que les gestes (lancer, viser…) que ces jeux mettent en œuvre sont désormais plutôt pratiqués par les adultes au sein de sports ou de jeux bien organisés comme les boules, les quilles ou le tir, ils sont toujours, chez les enfants, le support de jeux plus ou moins spontanés, mis en place sans l'intervention des adultes. Les règles peuvent varier mais les principes restent les mêmes : lancer, attraper.

> **LE JEU DU BOUCHON**
> Le principe du jeu du bouchon est, au départ, de faire tomber avec une pierre une autre pierre posée à distance. Désormais, il s'agit de faire tomber des enjeux, posés en équilibre (**pité** en Gascogne) sur un bouchon (ou une quille plate). On lance un premier palet, puis un second pour faire tomber les enjeux le plus près possible du premier palet. Dans le Berry, le Jura, en Franche-Comté et en Belgique, ce jeu est nommé **galine** ou **galline** (la « poule »), **galoche** en Bretagne et **tible** en Aquitaine. ∎

Lancer de cailloux

Pierres et cailloux furent sans doute les premiers instruments de jeux, et il est fort probable que soit aussi vieux que le monde le plaisir de lancer, **arocher**, **rucher** ou **évalinguer** en Basse-Normandie, **garrocher** dans le Poitou, au Québec et en Louisiane, **mirer** dans la Manche, **escouviller** ou **ruer** dans les Ardennes (d'où l'expression **bâton à ruer aux poires**, pour désigner un propre à rien), **frandeiller** en Isère.

Les jeux de lancer se divisent en deux grandes familles : soit il s'agit d'envoyer le plus loin possible pour l'emporter ; soit de lancer vers un but précis, éventuellement pour faire chuter ce qui est visé, comme dans nos modernes **chamboule-tout** (Lorraine) ou **noce à Thomas** (Suisse). Gagne alors celui qui vise juste, qui a du **visou** (Québec).

Autre jeu de caillou : la marelle

La marelle est également un jeu de caillou à lancer, mais d'un style un peu autre, le caillou (*merel* en ancien français) servant ici à avancer sur le chemin de la vie. Le fait d'appeler le jeu par son instrument minéral se retrouve dans les Vosges, où on dit *jouer à la* **palette**, en Champagne *jouer au* **palot** ; en Belgique, on utilise plutôt un **piou**, un petit carré de bois. En revanche, « jouer à la marelle » c'est jouer **à babet** dans les Ardennes, **à la classe** dans le Lyonnais, **à la culotte** dans le Beaujolais ou **à la ranche-franche** à Saint-Étienne.

LA MARELLE, POUR GAGNER LA VIE ÉTERNELLE

La marelle est un très ancien jeu : on en a retrouvé un diagramme sur le sol du forum de Rome. Sa forme actuelle, avec enfer et paradis (ou Ciel et Terre), ne semble cependant pas remonter au-delà du XVIIe siècle. Le joueur progresse sur un seul pied (dans le Midi toulousain, les termes **paranclet** ou **parranquet** désignent à la fois le fait d'être à cloche-pied et le jeu de marelle), en poussant un caillou (son âme ?) de la genèse au paradis. Le diagramme imite en général le plan d'une cathédrale ou un colimaçon, la spirale primordiale, ce qui lui vaut le nom d'**escargot** chez les enfants d'Ardèche et de la Drôme. L'idée de progression du diagramme rectangulaire se retrouve aux Seychelles avec l'**échelle** et dans le Forez avec la **semaine**, le dessin ayant sept cases. Quant à la **gatte** normande, faut-il lui voir une parenté avec la *gatte* de la toponymie régionale, d'origine scandinave, qui signifie « chemin » ? ■

Et les bâtons ? Le bâton constitue le second accessoire de jeu « naturel », aisé à se procurer à peu près partout. Le bâton sert soit de projectile pour faire tomber un ou plusieurs autres bâtons fichés en terre, comme dans le *jeu de la chèvre* cité par Restif de la Bretonne, soit d'objet à attraper au vol comme dans le **quinet**. Dans les jeux apparentés au quinet, **bâtonnets** au XVIIe siècle ou encore **taillette**, il s'agit de frapper un petit bâton effilé à ses deux extrémités avec une batte pour le projeter en l'air. Il était jadis très répandu dans toute la France, et il est peu étonnant qu'il soit connu sous un grand nombre de dénominations : **guise** ou **djise** en Picardie, **quénet** en Champagne et en Franche-Comté, **quinet** dans les Alpes et en Provence, **bertoles** dans le Bordelais, **baculot** à Saint-Étienne, **chicatet** en Provence et dans les Alpes, **picon** dans les Alpes, **futèle** en Auvergne, ou encore **pisti** en Franche-Comté. Les règles peuvent varier mais le principe général est toujours le même : les joueurs sont divisés en deux équipes (celle des lanceurs, parfois réduite à un seul membre, et celle des receveurs) : le bâtonnet à lancer, généralement d'une douzaine de centimètres de long et qui donne son nom au jeu, est aiguisé aux deux bouts (les

> *[Le jeu de la chèvre] ressemble au tirage de l'oie tel qu'on y joue à Paris – à coups de bâton, lancés de cinquante pas – et on s'en régalait. Celui qui avait porté le coup mortel était franc de toute dépense. De mon temps, la chèvre n'était qu'un bâton fiché en terre qu'il fallait renverser en lançant de cinquante à soixante pas celui qu'on avait à la main. »*
>
> Restif de la Bretonne, *Monsieur Nicolas ou le Cœur dévoilé*, 1745, 1re partie, « Jeux de Sacy », cité par J.-M. Lhôte.

guiches en Champagne). Le bâton est posé sur un socle (bâton ou pierre), et l'un des joueurs donne avec une batte (le manche ou la masse) un coup sec sur l'un des bouts du quinet pour le faire sauter. Il doit alors, avant que le quinet ne retombe, le projeter d'un nouveau coup de bâton le plus loin possible. Selon les lieux, le but était soit que l'un des receveurs réussisse à l'attraper à la main, auquel cas il devenait gardien ou frappeur (lanceur) à son tour ; soit que le lanceur envoie le bâtonnet le plus loin possible en multipliant les « pirouettes ».

Jouets des taillis et des bois
Pour **les enfants des campagnes, les branches et ramilles** servaient également à fabriquer toutes sortes de petits jouets rustiques, comme des sifflets (**siblets** dans le Limousin). Le sureau était particulièrement apprécié pour la confection de *clifoires* et de *canonnières* appelées **taperets**, **taprets** ou **tapottes** en Haute-Marne, **tocus** dans la Marne, **pétadous** dans la région Midi-Pyrénées ou encore **pétards** dans le Bordelais, **gicles** en Franche-Comté, **giclets** dans le haut Jura, **jiclets** en Provence, **trissettes** en Lorraine. Habitude ancestrale si l'on se souvient que le sureau tire son nom d'une flûte antique grecque, fabriquée à l'origine dans ses tiges vidées de leur moelle (*sambukê* en grec, qui a donné le latin *sambuca*, *sabuca*, puis le français *seür*, « sureau »). En Franche-Comté, les enfants confectionnaient aussi des seringues – **kisses** ou **équisses** – avec de l'angélique sauvage. Les rois de la **souffle** (sarbacane rustique) étaient de façon très imagée appelés **baveux** à Saint-Étienne.

JEUX DE CALENDRIER

À Pâques, les enfants de nombreuses régions avaient coutume de jouer avec des œufs : armé d'un œuf dur, chacun frappait contre celui de son voisin, l'œuf cassé échouant dans l'escarcelle du gagnant. Ce jeu très ancien (on **joutait** au XVIIe siècle), était connu sous le nom de **toquette** dans la Nièvre et **roquette** dans l'Yonne. Dans une autre variante, appelée **roullée** en Franche-Comté et en Bourgogne, il s'agissait de faire **rouler** ses œufs sur un terrain en pente.

Dans les Vosges (Épinal et Remiremont), les enfants avaient un jeu réservé aux après-midi du jeudi saint : les **champs-golot** (littéralement « les champs coulent »), consistant à faire naviguer des bougies allumées posées sur de petits bateaux de carton. ■

Du noyau à l'agate

Les jeux consistant à lancer des petits cailloux ou des noisettes dans un pot sont attestés depuis l'Antiquité. Mais l'apparition de la bille comme objet artisanal ne remonte guère au-delà de la fin du Moyen Âge. D'abord en métal ou en bois, assez grossières, les billes étaient appelées **gobilles** (appellation qui perdure en Bourgogne, à rapprocher des **globilles** en Franche-Comté. Avec le progrès des techniques au cours de l'Ancien Régime, notamment du verre, elles s'arrondissent bientôt parfaitement tandis que la gamme des matériaux s'étoffe : verre, terre, fer, agate, marbre, etc. Les plus belles se nommaient d'ailleurs autrefois « **marbres** », terme longtemps utilisé en Anjou et dans le Limousin pour désigner les billes de façon générale.

> « *Luc a des billes de fou plein les poches. Des agates et des billes de terre et de gros calots comme des mirabelles multicolores.* »
>
> Yves Navarre,
> *Les Loukoums*, 1973.

DE BILLES EN BERLES

Le diamètre des billes s'échelonne de 1 à 7 cm de diamètre. Les plus grosses, les *calots*, sont prisées pour leur puissance de tir : ce sont des **boulets** (Normandie), des **boulots** (Anjou et Vendée) ou encore des **boulous** (Ardèche). Un *biscayen* étant autrefois une balle de fonte ou de fer de la grosseur d'un petit œuf, une grosse bille se dit **biscayen** ou **biscaïen** (Normandie, Bourgogne, Lorraine) – abrégé en **caïen/cayen** (sud de la Manche, Lorraine) – et **biscayon** (Provence, pays de Caux). On dit aussi **bidons** ou **bidrouilles** (Anjou), **billots**, **bigarrots bigarrés**, **tiques** (Normandie) et **tocs** (Lorraine), **chtocottes** ou **pafs** (Lorraine), **berlons** (Bordelais). Les plus petites sont des **berles** (Bordelais), des **canettes** (Touraine, Anjou, sud de la Normandie, île de la Réunion et île Maurice), des **caniques**, des **boules** ou des **boulettes** (Manche) ou encore des **chiques** (Lorraine). ∎

> « Gros arrivage de billes, ces jours-ci, chez le marchand de couleurs. Elles sont en vente à vingt-cinq centimes la pièce. De vulgaires billes en terre, pas même parfaitement sphériques ni vernissées ; de ces billes qui se cassent en deux lorsqu'on les lance un peu fort. Combien coûte alors un calot ? Ou une bille en verre à spirales orangées et bleues ? Ou une bille en acier ? Nous traversons des temps difficiles ; les billes aussi sont hors de prix.
> Je parle maintenant de billes comme si j'avais été un joueur émérite. Mais non. Je n'ai jamais su viser convenablement le pot, ni même tenir comme il faut la bille : entre le bout de l'index et la première phalange du pouce replié. »
>
> Henri Calet,
> *Le Tout sur le tout*, 1948.

De l'art de lancer ses billes

Il existe de nombreuses façons de jouer aux billes. Comme tout jeu dont les règles se transmettent oralement, il suffit de se mettre d'accord au départ sur les règles particulières auxquelles on se soumet. Par exemple, à Saint-Étienne, si le joueur prend la précaution de dire « **adresse !** », il peut, au lieu de jouer du point régulier, partir d'un autre endroit. Fondamentalement, les règles se partagent entre deux grands principes : mettre ses billes dans un trou (jeu de la *bloquette*) ou les lancer sur d'autres billes pour les faire bouger, bref, les **tiquer** (Normandie, Lorraine), **avoir sa bache** (Franche-Comté) et les remporter. En Champagne, l'**œil-de-bœuf** était une technique particulière pour viser ou **buter** (Seychelles) consistant à faire tomber sa bille sur celle de l'adversaire en la portant à son œil.

Autour du pot

Les jeux consistant à faire entrer sa bille dans un trou tournent souvent autour du **pot** (Vienne) ou **pote** (Wallonie), **potet** (Lyon), c'est-à-dire autour du trou lui-même. Ailleurs, le **pot** ou **pote** désigne plus précisément le trou dans lequel il faut précipiter l'adversaire (Jura), mais **jouer au pot** en Franche-Comté nécessite au contraire de déloger l'adversaire de son trou. Dans la Drôme et en Ardèche, le **pot** est un jeu appelé plus communément *jeu du serpent* (la **capie** bordelaise) : avant de l'expédier dans le trou, il faut faire suivre à sa bille un parcours déjà tracé. Le **pet-et-poque** (Bordelais) nécessite un **boulon** posé près du **poque** (trou) : les joueurs

doivent en lançant leurs billes faire tomber le boulon dans le poque. **Poquer**, en revanche, à Lyon c'est heurter une autre bille avec la sienne et lancer ses billes dans le trou. Plus élaborée, la pyramide (**chatrelet** à Saint-Étienne, **coq** en Champagne) se construit avec trois billes au sol en triangle et une quatrième sur le dessus. Le but est de faire tomber une des billes de la pyramide pour la gagner.

« *Comme c'est l'époque des billes, des tirs s'organisent. Les moufflets de la ville sont maladroits à n'y pas croire. Ça nous surprend. Ils ne savent pas viser. Ils tirent de traviole. Ils s'énervent. Les jeux d'adresse ne sont pas pour eux. Par contre, l'adresse, nous, on l'a dans le sang. On est habile de nos mains.* »

Louis Calaferte, *Requiem des innocents*, 1952.

Les billes, objet de convoitise

Jeu nécessitant un objet manufacturé – fût-il rustique –, les billes quittent les jeux innocents pour faire entrer l'enfance dans les jeux à enjeux, la bille étant, ô combien, objet de convoitise. En Champagne, **mettre ses uns**, c'était déposer dans un espace délimité et bien en vue les enjeux de la partie fixés au départ, histoire de mettre un peu de sel dans le jeu. Les joueurs sûrs de leur coup **bloquaient**, jouant d'un seul coup leur gain (Saint-Étienne). D'où les multiples précautions prises en début de partie pour désigner celui qui commence, généralement en lançant une première bille pour savoir qui est le plus près (**vingter** en Champagne, **bouler** en Isère, **quiller** en Vendée, dans le Poitou et les Charentes) ; voire le besoin de s'associer avec un joueur pour limiter les dégats en cas de perte en faisant **la deux** (Champagne). Dans les cas litigieux, on **bulle** soigneusement la distance entre deux billes, qui se calculait autrefois en **arpes** (empans) à Saint-Étienne. Et de bien veiller à ce que personne ne triche, par exemple en faisant des **pognes**, c'est-à-dire en avançant la main plus loin qu'il n'est permis pour gagner du terrain (Saint-Étienne).

> « Il avait des billes merveilleuses, de marbre blanc, de jaspe, de calcédoine, d'agate rose, d'hématite sombre, de lapis-lazuli ; d'autres, les plus nombreuses, toutes d'or. Elles n'étaient pas très rondes, cahotaient un peu en roulant, mais elles se prêtaient parfaitement aux plus passionnants de nos jeux, les "châteaux de quatre" qu'il s'agissait d'abattre à deux pas, ou les "châteaux de huit" qui imposaient une distance double. »
>
> Maurice Genevoix, *Bestiaire enchanté*, 1969.

ENTRE JEU ET JOUET, LA TOUPIE

La toupie, quoique jouet, a sa place dans les petits jeux spontanés car elle fut l'instrument de multiples jeux d'enfants, et sa place dans les mémoires collectives est importante. La toupie (**cibot** dans le Bordelais, **échabot** en Anjou, **treubi** en Bourgogne, **trebillot** en Franche-Comté, **besin** en Auvergne) est censée tourner sur elle-même le plus longtemps possible en équilibre sur sa pointe (*top* en ancien français, dont elle tire son nom, **porette** dans le Nord, **nail** à la Réunion). Il existe différentes sortes de toupies : la toupie à tige (**biscayen, chariguette** ou **toupie à dache** dans le Nord, la *dache* étant un gros clou à tête plate) ; la toupie à lanceur (**étrebi** en Lorraine, le lanceur étant le **galan(d)** à Lyon) ; la toupie à fouet ou *sabot* (**carnabot** dans les Ardennes, **casse-carreaux** (!) en Champagne et en Lorraine, où l'on a aussi **bigône, viôle, pidôle,** d'où **pidôler,** « tourner en rond »). Certaines, joufflues, ronflent en tournant (**ronfle** ou **ronflarde** à Lyon, **moine** en Anjou, en Bourgogne et au Québec, **baudufe** en Périgord, **boudif(f)e** ou **boudiffle** dans la Drôme et la Vienne, ou **bodifle** en Isère) ; d'autres, rapides, les *fuyardes* ou **fiardes** à Lyon, en Provence, en Bourgogne et dans le Jura, sont utilisées en combats. Quant au *toton*, sorte de dé monté sur une cheville, il est surtout utilisé dans les jeux de paris, comme la toupie chinoise. Il est représenté dans le tableau de Chardin, *L'Enfant au toton*. ■

4 Jeux de terrain terrains de jeux

Entre la fin du Moyen Âge et le XVIIe siècle, les jeux d'adresse connaissent une importante évolution tant du point de vue du perfectionnement des instruments que de la mise en place de terrains spécifiques. Jusqu'alors, de grands jeux collectifs – parfois rudes, comme la **soule** ou **choule**, proche du rugby et du football –, se pratiquaient d'un village à l'autre, à travers champs. Les quilles se réduisaient à des bâtons fichés en terre, mis à bas par un autre bâton avant qu'apparaisse, au XVIe siècle, la boule de bois, difficile à tourner. À la même époque, le jeu de paume fait sa petite révolution en se dotant de raquettes ; longtemps joué dans la rue, il est peu à peu confiné dans une salle spécialement aménagée, le tripot. Quant au billard, cousin du croquet, il fait entrer les jeux d'adresse dans les intérieurs, anticipant les jeux de cafés et d'estaminets sur planche. La disparition d'espaces libérés au sein des villages, accélérée par la multiplication des voitures, finira d'enfermer les jeux dans leurs propres terrains, stades ou boulodromes.

En piétant tout simplement
La première mention d'un jeu de quilles (du vieil allemand *kegil*, « objet allongé », **guilles** en Lorraine) remonte au XIVe siècle, mais l'emploi de la boule pour les **desquiller** ou **déquiller** (Provence), **dépinquer** (Limousin), ne s'impose guère avant le XVIIe siècle.

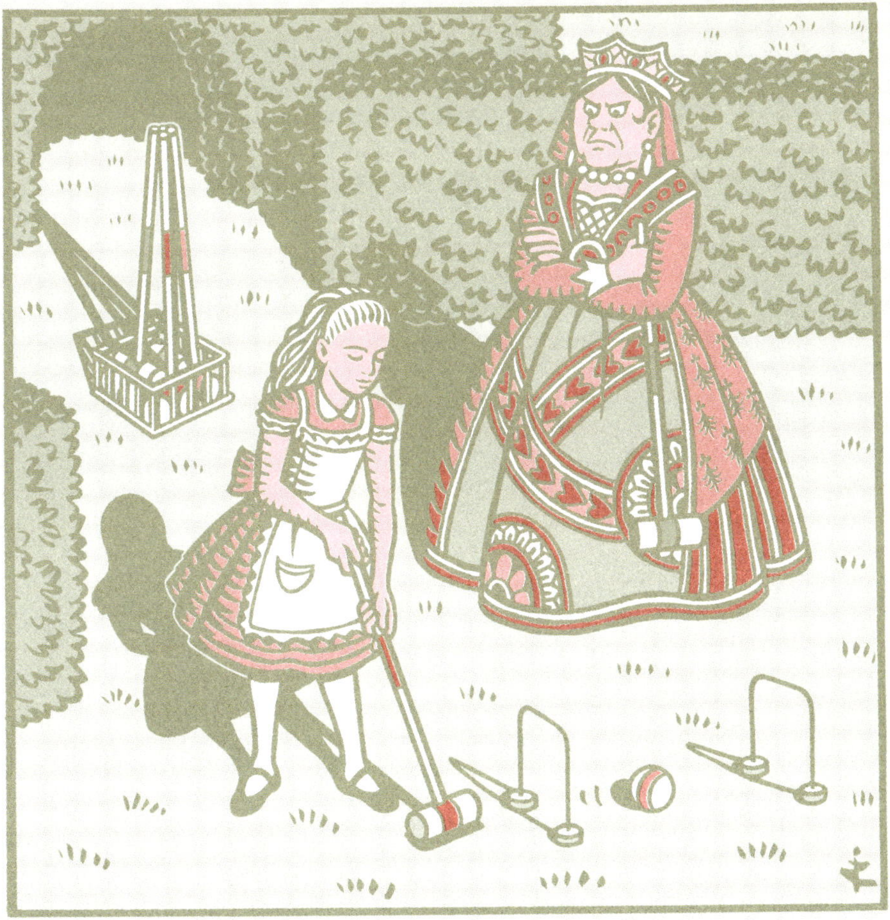

Dès lors, le lancer ne se fait plus à la volée, mais à la glissée, en **piétant**, c'est-à-dire en plaçant ses pieds à une distance convenue (XVIIe siècle) et en laissant rouler la boule comme à la pétanque (de *pè*, « pied » et *tanco*, « pieu »). Les quilles sont, au début de la Renaissance, un jeu très populaire, cité par Rabelais, à côté de la « boulle plate », autre jeu de quille, et du **rampeau**. Le rampeau se joue toujours à six quilles en Gascogne, où *faire rampeau* signifie abattre les six quilles d'un coup. Les quilles étaient souvent jeu d'argent : avant la partie, chaque joueur déposait sa mise, le total en revenant au vainqueur, sauf une petite somme à celui qui avait la tâche ingrate de **requiller** ou **renquiller** (Franche-Comté et Jura), c'est-à-dire de relever les quilles. Il existe de multiples jeux de quilles, selon les régions et le nombre de quilles en jeu, mais, dans tous, le **quilleur** ou la **quilleuse** (Québec), placé à une certaine distance, lance la boule, la **tire** (Québec), pour abattre les quilles. Il tente si possible de **faire l'abat** (abattre toutes les quilles avec une seule boule, Québec), en évitant de **labourer** (Languedoc), de **faire un couloir** (Champagne), c'est-à-dire en évitant que la boule traverse les quilles sans les toucher. **Faire le boudin**, en revanche, c'est abattre les trois quilles de la rangée centrale, en Champagne.

> « *On jouait aux quilles dans les jardins couverts. La boule glissait sur son chemin de bois et allait heurter les quilles qui s'écroulaient dans un bruit plein d'une nostalgie qui m'atteint encore.* »
> Georges Borgeaud, *Le Préau*, 1952.

> « Nous rencontrions, enjambions et souvent heurtions des hommes endormis ou sommeillants, leur femme sur eux ou à portée de leurs mains, à côté des bouteilles, et il y en avait d'autres, debout, qui jouaient aux boules, au ballon, aux quilles, d'autres encore qui faisaient les fous avec rien dans les mains et rien au bout des pieds, tous là dans l'air vicié s'efforçaient de respirer un peu d'air pur, ils étaient venus dans cette intention [...]. »
>
> Yves Berger, *Le Sud*, 1962.

Les quilles au quillier !

Longtemps on a pu se contenter d'installer les quilles dans une cour d'auberge ou sur une place de village, surtout les jours de fête, comme la **virée**, partie jouée traditionnellement le 14 juillet en Champagne. Si la première mention d'un parquet à quilles spécifique remonte au XVe siècle, il existe désormais des terrains entièrement aménagés pour le jeu, comme pour les quilles de neuf, qui occasionnent de grands concours dans le Sud-Ouest. Les quilles hautes et fluettes, appelées localement **pommes**, sont disposées dans le **quillier** ou **quiller**, autrement appelé **billard de quilles**. Autour est aménagée une bande large d'un peu plus de un mètre, le tout constituant le **plantier** (Bordelais).

Abattre le « curé »

Dans l'est de la France, on préfère les quilles Schere, qui se jouent également avec neuf quilles sur plancher. Disposées en losange, elles ont différentes valeurs selon leur place : le roi, au milieu (appelé **curé** en Champagne), est flanqué à droite et à gauche par les **valets** (les plus difficiles à abattre), et entouré des quatre **dames**. Puis viennent la quille de devant et la quille de derrière. Chaque région ou presque a son jeu de quilles : celui à huit quilles dans la vallée de la Garonne et le Bordelais, à six quilles dans le Midi, le jeu de **bouloir** à cinq quilles dans le Nord et en Belgique, les *quilles de Saint-Gall* dans le Haut-Rhin, enfin le jeu à trois quilles en Normandie. Dernier avatar des jeux de quilles, le bowling, né aux États-Unis, s'appelle tout simplement **quilles** au Québec. Il se joue au **salon de quilles** avec dix quilles. Soumis à réglementation et compétitions officielles comme d'autres grands jeux de quilles (quilles de neuf, de huit, de six, quilles Schere), il a fait tomber dans l'oubli quelques jeux locaux très spécifiques comme le **garguillon**, qui se pratiquait dans l'Ain avec des quilles placées en rond.

> **LES RICHES HEURES DU MOT « QUILLE »** La popularité du jeu de quilles pourrait se mesurer au nombre de mots qui en dérivent : les jambes n'étant après tout guère que de grandes quilles terminées par un buste, on **équille** dans le Limousin lorsqu'on donne un coup dans la jambe. En Auvergne, **déquiller**, c'est se sauver à toutes jambes. Mais les dérivés de *quille* sont surtout fréquents pour désigner différents rituels de tirage au sort dans les jeux d'enfants : **déquiller**, en Auvergne, pour se départager à la « semelle » ; **déguiller** dans le Pilat pour un tirage au sort, en comptant et en récitant dans la Drôme et l'Ardèche. **Quiller**, dans l'Ouest, c'est lancer sa bille, son palet ou sa boule pour savoir qui commence. En revanche, en Provence et dans les Alpes, on **déquille** un objet **quillé** (perché) pour le récupérer. Quant à **enquiller**, les significations diffèrent selon les régions : dans le haut Jura, on l'emploie à la fois dans le sens de « heurter brutalement », mais aussi de « boire un coup de trop » (d'où une démarche un peu chaloupée comme une quille sur le point de tomber ?). C'est aussi s'engager dans une mauvaise affaire dans le Beaujolais, alors que, dans le Languedoc, c'est réussir ce qu'on a entrepris… ∎

Éviter de verser dans le noyon

Au Moyen Âge, le jeu des grosses boules se pratiquait, là où la place le permettait, aux abords des villes ou au cœur des villages. Au XVᵉ siècle apparaissent les premiers **bouloirs**, des terrains plats et longs de 25 à 30 mètres, creusés à chaque extrémité d'un petit fossé transversal, le **noyon**. Il s'agit de lancer sa boule le plus près possible du but, un piquet placé à distance du noyon, sans tomber dans celui-ci.

> **LES BOULINGRINS** À la Renaissance, le jeu de boules se répand en Angleterre où il devient le jeu des classes aisées (en France, au contraire, le jeu de boules restera toujours populaire). On y joue sur des terrains spécialement aménagés, les *bowling greens* (« gazon pour jouer aux boules »), qui donnera **boulingrin** au XVIIᵉ siècle. ∎

LA BOULE PLATE À L'ÉTAQUE Unique en son genre, la **boule plate à l'étaque** se joue en Flandre avec une **bourle**, les joueurs étant les **bourleux**. Le terrain, ou **bourloire**, long et incurvé, est fait d'un mélange d'argile, de bouse de vache et de farine de seigle. Le but à atteindre est l'**étaque**, une rondelle de cuivre placée en bout de piste. Mais attention : la **bourle** (du picard *bourler*, « tomber ») n'est pas une boule (du latin *bulla*, « bulle ») ! C'est une roue de bois convexe qui, selon les villes, pèse de 2 à 9 kilogrammes. Dotée d'une face plus lourde que l'autre, le « fort », elle suit une progression sinusoïdale très originale... et tout à fait insupportable pour qui ne maîtrise pas l'art de la bourle ! ■

Puis le jeu évolue, le système piquet-noyon étant remplacé par une boule plus petite servant de but, le *cochonnet* (terme attesté dès 1534), appelé selon les régions : **boulon** (Beaujolais), **boulot** (Ardennes), **boulou** ou **petit** (Ardèche), **gone** (Lyon), **lè** (Isère), **maître** (Poitou, Charentes, Vendée), **bullon** ou **petit** (Forez), **chancogne** ou **péquègne** (Bordelais). Dans le Sud, la boule lyonnaise concurrence la provençale, ou **longue**, très proche, à cela près que le terrain et les boules sont plus petits. Le lancer diffère également : les lanceurs de boules lyonnaises peuvent se déplacer entre deux limites ; mais les joueurs de longue doivent « placer la boule » (pointer) après un pas, trois pour « caramboler » (tirer). Les Bretons préfèrent la boule bretonne, traditionnellement en bois, remplacée autour de Rennes par les **palets**, à lancer le plus près possible du **maître**. En Anjou et en Touraine, on pratique la **boule de fort** et partout, désormais, la pétanque marseillaise…

Tu tires ou tu pointes ? Pour jouer aux boules,

il faut commencer par constituer la **mène** (Isère), généralement formée de deux équipes, le sort désignant celle qui commence. Ceux qui jouent hors boulodrome ou hors **clos** (terrain de boules jouxtant un café à Lyon) doivent commencer par trouver un **cadre** (terrain en Isère). Il doit être, si possible, dénué de **biôle** ou **draille** (rigole en Isère) et favoriser le rebond des boules, c'est-à-dire **paumer** (Isère). On le délimite, éventuellement de façon rudimentaire, en **bidant** (en mettant un pied devant l'autre à Lyon).

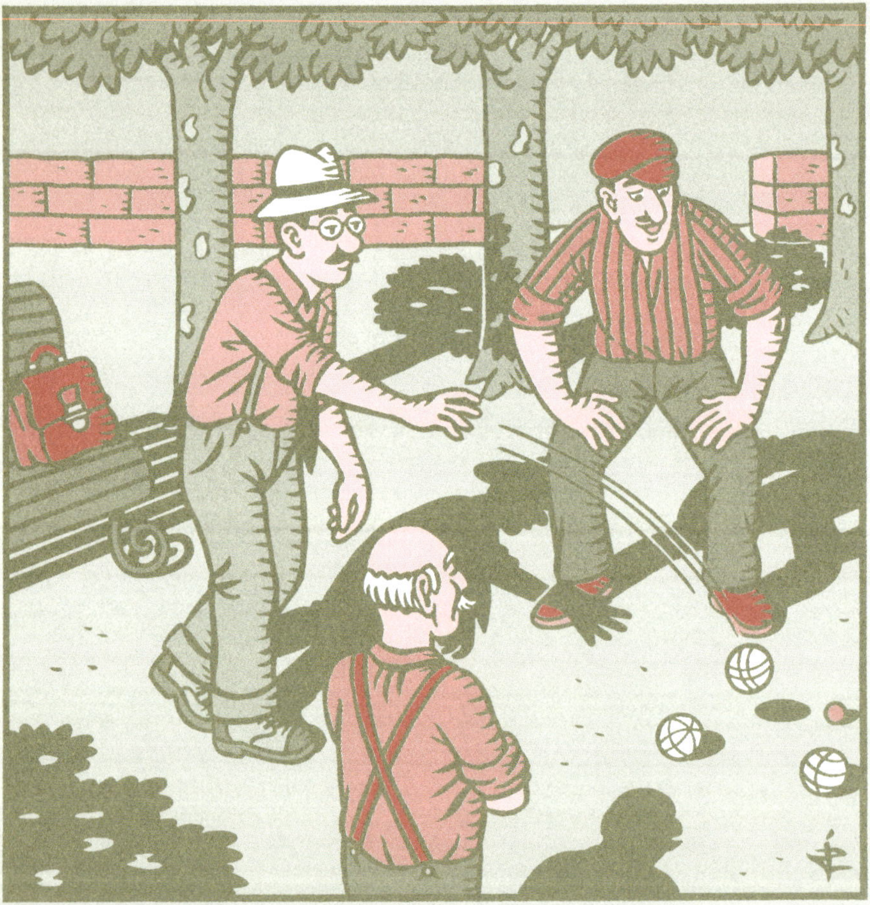

> « *Un vieillard vénérable à tête d'empereur romain pointait en direction d'un groupe de boules massées autour du cochonnet.*
> *— Ça va être une boucherie, grommela mon voisin en hochant gravement la tête.*
> *La boule s'envola, décrivit une gracieuse trajectoire en direction du cochonnet, mais au moment précis où elle percutait les autres boules groupées, un bruit de tonnerre ébranla l'atmosphère, provoquant l'envol de centaines de moineaux qui sommeillaient dans les branches des platanes.* »
>
> Michel Tournier, *Le Médianoche amoureux*, 1989.

Le premier joueur lance une boule le plus près possible du cochonnet (il *pointe*). S'il réussit et qu'il a envoyé la boule se **coller** contre le cochonnet, le **pointeur** (Lyon) a fait un **biberon** (vallée du Rhône), il fait **péter la miaille** (au sens de « s'embrasser bruyamment » dans le Lyonnais). Si la boule est venue **téter** le cochonnet (Lyon, Isère), elle a **fait un nez** (Velay, Pilat). Si elle est juste tout près sans toucher, elle **cavale le but** (Isère).

Ragache ou coup de gouillette ?

Intervient alors un joueur de l'autre équipe, qui va tenter de faire mieux, soit en s'approchant plus près encore, en tentant par exemple de **faire un appui** (placer sa boule entre celle de l'adversaire et le but, Isère), soit en **tirant** pour chasser la boule adverse. Si la **dormeuse** (Isère) résiste aux assauts du piètre **tireur** (Lyon), un bon **casseur** (île Maurice) maîtrise parfaitement l'art du **carreau** (vallée du Rhône) : sa boule fait alors un **cinq** (Isère), elle **brit** (de *brire*, faire du bruit) ou **brille** (Isère), c'est-à-dire qu'elle frappe l'autre boule et vient la remplacer. Parfois elle fait un **bec** (Isère) : elle change de direction après avoir été tirée ; ou encore elle sort des limites, elle va **boire** (Isère, Beaujolais), et il faut alors **démarquer** (Lyon) : on donne son point à l'adversaire. On a loupé son coup : c'est l'**arandon** ou le **trou** (Isère), le **narri** (Provence), l'**alose** (Bordelais). Moralité : il faut toujours **veiller sa donnée** (surveiller la zone d'impact de la boule, Isère) ! Tant qu'elle n'a pas fait mieux que la première, la même équipe continue de jouer. Pour gagner, le coup de **ragache** (chance à Lyon) ne suffit pas : il faut soigner sa **jouerie** (tactique à Lyon et dans l'Isère) ou être expérimenté, avoir un **bon coup de gouillette** (Vienne). Quant aux joueurs qui **placent** trop les autres, ils énervent plus qu'ils n'aident en les saoulant de leurs conseils (Isère).

> **LA BALME ET LES GRATTONS, SPÉCIALITÉS LYONNAISES**
> La **balme**, ou **barme**, est à Lyon une éminence, un coteau ; sur un terrain de boule, une **balme** est une déclivité avec laquelle le joueur expérimenté saura jongler pour faire aller sa boule où il veut : ainsi il **balme** en la faisant grimper sur un talus puis redescendre pour contourner un obstacle. Faire dévier sa boule est donc devenu **balmayer**, utile par exemple pour éviter un **grat(t)on** (caillou), placé de façon malencontreuse. Un terrain **grattonneux** nécessite bien entendu de **grattonner**, c'est-à-dire de mettre à profit les aspérités du terrain pour gratter quelques points supplémentaires ■

L'art et la manière
Chacun a sa **manière de lancer la boule,** à adapter en fonction du contexte : on peut jouer à la **roulinette**, quand on fait rouler la boule (haute Bretagne), qui **coule** (Lyon) en faisant une belle **coulinière** bien droite. À Lyon, le **pointage** est une boule **pointée** qui finit elle aussi de rouler en fin de parcours – alors que faire une **portée**, c'est éviter à sa boule de rouler – et le **carambolage** est un toucher successif de boules lorsqu'on pointe.

Pour savoir qui a gagné (ou qui **tient**, à Lyon et en Isère), on mesure la distance entre chaque boule et le cochonnet, on **bulle** (à Saint-Étienne), on **boule** (en Isère). Précaution inutile bien entendu en cas de **brochet**, d'un écart excessif par rapport au cochonnet (Isère, Lyon). Qui n'a fait aucun point se voit contraint,

> **LA PÉTANQUE MARSEILLAISE**
> La pétanque, aujourd'hui le jeu de boules le plus populaire, est née à La Ciotat en 1907, grâce à un joueur de longue perclus de rhumatisme, incapable de faire les trois pas réglementaires avant de lancer sa boule : il joua les « pieds **tanqués** » (c'est-à-dire joints et immobiles, du provençal *pè* « pied » et *tanco* « pieu »). Le « pétanqueur » chanceux **a le cul comme une banaste** lorsqu'un coup en apparence maladroit se révèle gagnant, de même que l'**enfévé** qui enlève une boule gênante sans vraiment le prévoir. Les joueurs qui tirent **à la rasbaille** ou **à la raspaillette**, à ras de terre, pour glaner quelques points, n'ont pas le panache de ceux qui *frappent au fer* pour *faire un carreau*. Mais si cela peut éviter de **baiser Fanny**... ∎

au son des clochettes, de **baiser le cul de la vieille** (Bourgogne), une effigie déshabillée. Ailleurs (Ain, vallée du Rhône, Provence), la vieille est plus gironde, c'est la **Fanny**, d'où l'expression **faire une fanny** ou **baiser Fanny** quand on perd sans sauver l'honneur. Pour l'autre équipe, c'est la **quine** (Isère), bref, la **gagne** (Lyon).

Droit au but
Au Moyen Âge, les boules sont l'instrument d'autres jeux très populaires, dans lesquels cette fois elles ne sont plus lancées, mais mues avec une crosse, comme dans la soule normande. Il y a les jeux dans lesquels la boule se dispute dans un corps à corps (type hockey) ; ceux dans lesquels elle est déplacée à tour de rôle (type croquet ou golf). Tirer chacun son tour exige une certaine discipline, inconnue dans les autres pratiques ludiques de l'époque : attendre son tour, comparer ses performances, se mesurer non pas à l'autre mais à un but commun. Cette évolution a lieu parallèlement à la grande vogue des jeux de tir à l'arc ou à l'arbalète, fortement encouragés par Charles V (on est en pleine guerre de Cent

Ans). C'est d'ailleurs à ce moment-là que le mot *but* entre dans le vocabulaire : il vient, selon Wartburg, de l'ancien scandinave *butr*, qui désigne, au XIIe siècle, la souche de bois utilisée comme cible pour les flèches, puis la cible elle-même. Peu à peu se distinguent la *longue-boule*, qui se joue sur un grand terrain avec un maillet, et la *courte-boule*, sur terrain plus réduit avec une crosse. Le premier donnera le jeu de **mail**, ou **passe-mail**, ancêtre du croquet, dans lequel il faut faire passer avec un maillet (ou mail) une boule de buis sous un petit archet de fer, la passe.

La folie de la courte-boule Le jeu de la courte-boule demande davantage de finesse.

Il se joue sur un terrain plus petit, généralement privé, délimité autour d'un but : c'est le **billard de terre**, ou **clos-porte**. Il est devenu billard le jour où le terrain, encore réduit, a pris place sur une table. À partir du XVIe siècle, on pratique sur la table du billard des **blouses**, ou trous, afin de faire sortir la bille adverse, suite, par exemple, à une **bricole** (rebond de la bille sur une autre). Le billard n'a cessé d'évoluer jusqu'au XIXe siècle, se différenciant en billards français, anglais ou américain, tandis que l'ancien *billard*, ou crosse, s'est affiné pour devenir la queue. À Versailles, on jouait également à la version « **trou-madame** », aujourd'hui billard japonais, une sorte de billard constitué d'une planchette percée, à l'origine, de treize petites arcades numérotées de 1 à 13, dans lesquelles il fallait faire passer des boules, le 13 étant le jack-pot.

« [...] nous approchons de la ville. Les joueurs de mail, armés de leurs petits maillets de bois dur, au long manche flexible, s'en retournaient aussi, en continuant de frapper vigoureusement la boule, qui volait au loin, bondissait, roulait, et se perdait dans l'ombre du crépuscule. »

Agricol Perdiguier, *Mémoires d'un compagnon* (1854-1855).

« Ce bonheur me parut comme de donner droit dans le treize d'un trou-madame. »

Mme de Sévigné.

DE LA BILLE AU BILLARD

D'après Jean-Michel Mehl, les mots *billes et boules* sont, au Moyen Âge, indifféremment utilisés pour désigner des instruments de jeu sphériques à lancer ou faire rouler, et ce jusqu'au XVe siècle : *jouer aux billes* devient dès lors synonyme de « jouer au billard ». Dans le vocabulaire du jeu, on retrouve d'ailleurs souvent la confusion entre boule et bille (voir les dénominations du calot, p. 32). En Suisse, **biller** signifie ainsi « jouer aux quilles ou aux boules », d'où le sens de « heurter », puis « d'affronter ». Le « billard » est, à l'origine (XIVe siècle), la fine crosse servant à pousser les « billes » (boules en bois) dans le jeu de courte-boule. Ce n'est qu'à partir du XVIe siècle que le mot désigne le jeu lui-même et la table de billard. ∎

Jeux de café et d'estaminet

Le **billard** (et son descendant direct, le billard électrique, ou **machine à boule** au Québec) tient une place importante dans l'histoire des jeux : il a, en effet, permis de faire entrer les jeux d'adresse à l'intérieur des maisons ou des estaminets, à côté des jeux de hasard, qui, eux, ont toujours régné sur le monde des tavernes. Dans les cafés de village se sont ainsi multipliés nombre de jeux d'adresse sur planches, assez proches des premiers billards, quoique sans crosse, comme le jeu bruxellois de **mijole**, dans lequel il faut lancer six rondelles de cuivre dans un trou unique pratiqué au milieu d'une simple planche de bois ; ou comme le jeu de **pichenolles** québécois, qui consiste à envoyer par des pichenettes des petites rondelles de bois sur une table carrée ; ou encore la **grenouille** et les **passe-boules**, qu'on retrouve un peu partout, ainsi que tous les jeux de **palet** sur planche, courants dans l'Ouest ; le **jeu des pièces** ardennais, qui se pratiquait jadis sur une plaque de plomb ; le **carrom**, ou billard indien, joué à Maurice, ou le **Mississippi**, jeu québécois dans lequel il faut faire glisser des rondelles de bois d'une extrémité à l'autre d'une longue table de bois rectangulaire.

Tous au choulet ! Contrairement aux boules qu'on fait rouler, les balles et ballons s'envoient et se rattrapent à la volée, à la **gribouillette** (Furetière). Selon les lieux, c'était soit une vessie de porc bourrée de son et recouverte de cuir, soit un morceau de bois enveloppé de cuir, soit un morceau de peau de mouton bourré d'étoupe de laine… Recevoir un coup de ballon en pleine tête n'avait rien d'anodin ! Le seul jeu de ballon traditionnel vraiment populaire fut la **choule**, ou **soule**, ancêtre à la fois du rugby et du football, attesté dans toute la France, mais surtout en Normandie et en Picardie. C'était un jeu assez violent : tous les coups ou presque étaient permis pour porter le **choulet** (le ballon) dans le camp adverse. Pas de terrain spécifique autre que toute la campagne entre deux buts matérialisés par un simple poteau posé dans chacun des villages rivaux ou aux deux extrémités d'une commune… La choule a perduré en Bretagne, mais surtout en Normandie et en Picardie, jusque dans les années 1920, tentant ensuite, ici ou là, une timide renaissance – mais quel poids face au foot ? Les autres jeux de ballon s'apparentent au ballon prisonnier, appelé **bataille** en Suisse, **boulco** aux Seychelles et **boule casse-côte** à l'île Maurice.

Un jeu pour épater la galerie
Plutôt que le ballon, lourd et souvent dur, les joueurs médiévaux pratiquaient plus volontiers la balle en cuir, plus légère, appelée **esteuf**. On se la renvoyait, face à face, du plat de la main nue (paume), d'où le nom du jeu de **paume**. Les coups étant

> « Il lut en diagonale un papier très informé sur la soule, l'ancêtre du rugby, un historique du Stade toulousain agrémenté d'interviews de joueurs et de supporters […]. »
> Didier Daeninckx,
> *Le Facteur fatal*, 1990.

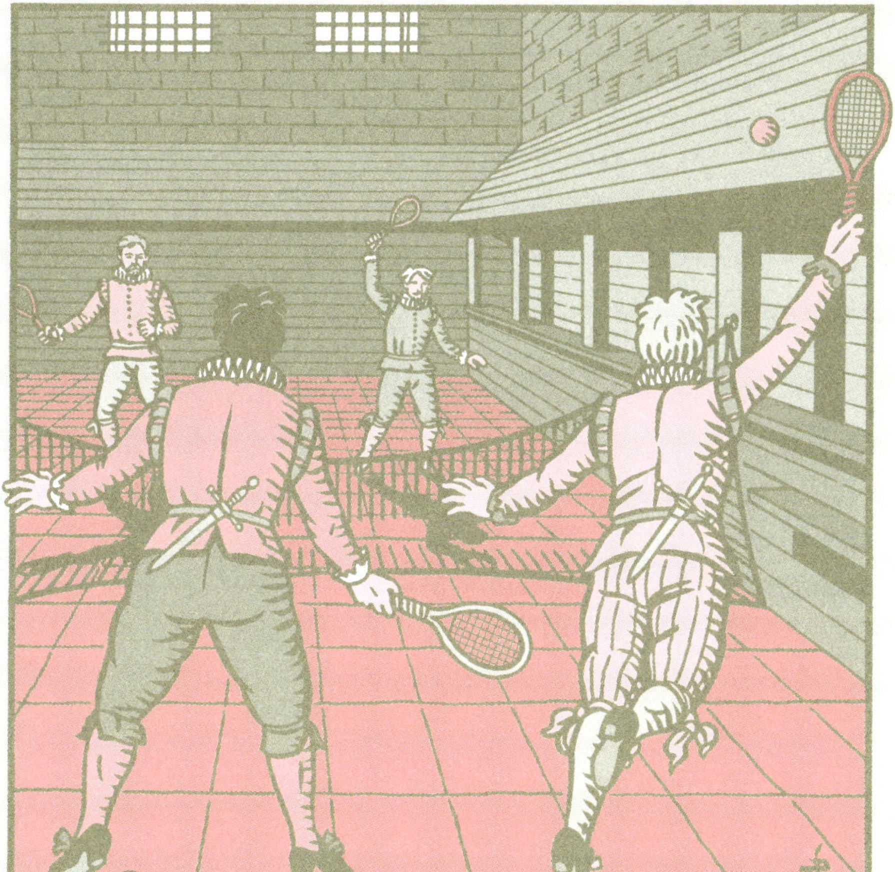

violents, les joueurs prirent l'habitude, dès la fin du Moyen Âge, de se protéger les mains avec un gant rembourré ou un battoir, puis, à partir du XVIe siècle, d'utiliser une raquette. La raquette étant onéreuse, elle était réservée, comme le jeu de paume d'ailleurs, aux classes « supérieures », d'où l'expression *jeu de main, jeu de vilains*, les vilains étant les paysans. Ce jeu se pratiquait en ville, dans les rues, l'esteuf rebondissant sur les façades des maisons. À partir du XVe siècle, la pression démographique obligea les joueurs à se replier dans des lieux spécifiques, les tripots, qui avaient pour particularité de comporter, sur trois de leurs côtés, des galeries dans lesquelles se tenaient les spectateurs et sur le toit desquelles l'esteuf devait rebondir.

> **LA RAQUETTE**
> La raquette n'entre dans l'histoire des jeux qu'à l'aube du XVIe siècle. L'étymologie reconnue lui donne comme ancêtre l'arabe *rahat* signifiant « paume de la main », qu'elle remplace pour *rachasser l'esteuf* (le renvoyer). ■

Qui va à la chasse… Tous les jeux actuels de raquettes ou de battes sont des variantes du jeu de paume.

En premier lieu le tennis, qui tirerait son nom, via l'Angleterre, de l'expression « tenez ! », lancée au moment du service. Le système de points au tennis dérive directement du comptage « par quinze » du jeu de paume : quinze, trente, quarante-cinq, soixante. **Avoir quarante-et-cinq** sous l'Ancien Régime désignait tout avantage qu'on pouvait avoir au jeu ou dans quelque affaire que ce soit. Puis, trop long à énoncer, il est devenu quarante, et le soixante, « jeu ». Il existe évidemment des différences de règles entre le tennis et le jeu de paume, notamment le système de la chasse. Dans le jeu de paume, en effet, la balle peut effectuer deux rebonds dans les limites du terrain : c'est la **chasse** – **rechasser** ou **rachasser** signifiant « renvoyer la balle ».

PAS DE TRIPOTAGE AU TRIPOT

Tripot a la même racine que *tripoter*, dans son sens premier de « effectuer des mouvements désordonnés » : à l'origine, le tripot était l'endroit où l'on pouvait bouger, la salle de sport en quelque sorte. Ces salles, spécialement aménagées pour le jeu de paume, étaient tenues par un maître **paumier**, chargé également de fabriquer raquettes et esteufs. Le jeu de paume se jouant sur paris, ces derniers prirent bientôt plus d'importance que le jeu lui-même, puis les parieurs prirent également la fâcheuse habitude d'y jouer aux dés ou aux cartes. Il n'en fallut pas plus pour que le tripot, au XVIIe siècle, prît le sens péjoratif de « bouge spécialisé dans les jeux d'argent ». ∎

On repère l'endroit de ce second rebond, et les joueurs changent de côté. Celui qui a fait chasse doit alors se placer à l'endroit du second rebond. De là viendrait l'expression : « Qui va à la chasse… perd sa place. »

De la paume à la pelote
La chasse se retrouve dans les jeux de balle belges, dits jeux **ballants**. Ces derniers (balle-pelote, balle au **tamis** et demi-dure) sont directement issus de la longue-paume, version plein air du jeu de paume en salle, ou courte-paume : dans la longue-paume, surtout jouée au XVIIIe siècle, le terrain, forcément dénué de murs, devait comporter un appentis utilisé comme toit de service pour l'esteuf, le **rabat**. Les différents **jeux de balle** belges se jouent en **lutte** (match) divisée en **armures** (manches). La **balle-pelote** se pratique avec des gants, sur le **ballodrome**. Les règles sont les mêmes qu'à la paume, avec le système de la chasse et du rechas, la balle ne devant jamais **passer outre** (sortir des limites).

Les enfants basques de la balle
Les jeux de pelote basque (le jeu à **rebot**, **pasaka**, **chistera**, **palas**…) sont également tous issus de la paume, qu'ils se jouent à main nue, avec un gant ou un panier, face à un fronton, face à face, en plein air ou dans une salle couverte, appelée **trinquet** dans le Bordelais. Attention à ne pas confondre pelote basque et **pelote congolaise**, qui est une variante du football se jouant avec une balle, la pelote.

5 Tabliers, pions et cartes

Une table, un pion

Un jour, il y a fort longtemps, est venue à l'homme l'idée de faire cheminer par jeu un pion sur un dessin gravé dans la pierre : c'était il y a près de six mille ans. Puis, sans doute en Égypte, et à peu près en même temps que naissait l'écriture, lui vint celle de créer des supports transportables. Depuis, ces jeux dits « de tablier » n'ont cessé de croître et de se multiplier, dans un beau foisonnement, classé par Jean-Marie Lhôte en quatre grandes familles : jeux de parcours, jeux d'accumulation (les deux formes les plus anciennes de jeux sur diagramme), jeux de position et jeux d'affrontement. Ces catégories n'ont bien entendu rien de figé, des jeux pouvant combiner parcours et affrontement, ou position et affrontement, comme les très anciens jeux de marelle. Dans ces jeux, la victoire s'obtient en réalisant le premier un alignement de pions sur les intersections d'un diagramme, généralement trois pions, comme dans le **char** ou **charret** suisse. Le *morpion* (**tic-tac-toc** au Québec) est une version du jeu de marelle, dont le diagramme s'étend au fur et à mesure du jeu. Jadis il s'appelait **les ronds et les croix**, voire le **jeu des cinq croix**. Le mot *morpion*, inventé par des lycéens dans les années 1920 (leur avait-on cherché trop de poux dans la tête ?), est désormais largement entré dans les mœurs.

> « [...] un jeu bien connu par les écoliers sous le nom de "morpion" (déformation peut-être de mort pion ?) et dans lequel les croix et les cercles inscrits par les adversaires pourraient être avantageusement remplacés par des pions fixes de deux couleurs. »
>
> J. R. Vernes, *Jeux de compétition*, in Roger Caillois, Encycl. de la Pléiade : Jeux et Sports, 1967.

TABLES, TABLIERS OU TABLEAUX ?

Tous ces termes, formés à partir du latin *tabula*, « petite planche », évoquent des jeux à pions sur support horizontal. Il y a cependant des nuances. Ainsi le mot **tables** est-il utilisé au Moyen Âge pour désigner tous les jeux de la famille du futur trictrac, c'est-à-dire les jeux dans lesquels des pions sont déplacés sur un diagramme formé de douze flèches. Le mot désigne plus particulièrement les dames utilisées à ces jeux, le mot *dame*, pion, apparu au XVIe siècle, ne s'étant généralisé qu'au XVIIe siècle. Le support de ces jeux était le **tablier**, sens attesté dès 1160. D'où le verbe **tabler**, « poser les pièces sur le tablier », puis sur l'échiquier, qui a donné l'expression « tabler sur quelque chose », « compter sur ». Le tablier est au XVIIe siècle synonyme d'échiquier ; aujourd'hui, on l'utilise pour nommer toute surface plane de jeu divisée en formes géométriques identiques (dames, échecs, go, mancalas...). Quant au tableau, c'est également un support de jeu, mais ses cases, différenciées, servent à repérer soit les enjeux (paris sur tableaux, loto, nain jaune), soit la progression des pièces (jeu de l'oie, petits chevaux). ■

TRICTRAC ET TOC

Le trictrac et autres jeux apparentés (*toutes-tables*, appelé *backgammon* au début du XIXe siècle, *tournetable*, *jacquet*...) sont des jeux de parcours issus du jeu romain des douze lignes, les tables médiévales. Au trictrac (onomatopée évoquant le bruit des dés) cependant, le but n'est pas de sortir du tablier mais d'accumuler des points, obtenus au cours du jeu par le placement des dames sur certaines flèches. Les boîtes à jeu de trictrac comportent d'ailleurs une série de petits trous pour marquer son score avec des fiches et un petit drapeau en cas de *grande bredouille*, lorsqu'on marque douze points d'un coup. ■

Graine, borne ou soldat La nature du pion change selon la catégorie du jeu dans lequel il intervient.

Dans les jeux d'accumulation comme les **mancalas** africains – dont l'**awélé** ivoirien est une variante –, les pions sont des graines. Dans les jeux de parcours, le pion, progressant d'un départ vers une arrivée, figure le joueur sur son chemin de vie ; on peut ainsi citer le *jeu de l'oie* ou le *pachisi*, jeu indien importé en Angleterre à la fin du XIXe siècle sous le nom de **ludo** (toujours connu sous ce nom au Congo), équivalent de nos modernes petits chevaux. Dans les jeux de position, l'objectif étant d'occuper un territoire, comme au jeu de go, les pions deviennent des bornes. Enfin, dans les jeux d'affrontement, qui visent à l'élimination de l'adversaire, le pion se fait arme ou soldat. Certains de ces jeux s'apparentent à des jeux de chasse, comme le très ancien **jeu de la poule et du**

> « Enfin, je n'ai pu lui apprendre encore à perdre avec bonne grâce une partie de trictrac. »
>
> Georges Bernanos, *Sous le soleil de Satan*, 1926.

renard : les douze poules devaient bloquer le renard en l'encerclant, et ce dernier tuer les poules en sautant par-dessus, comme aux dames. La prise en sautant était déjà apparue avec un jeu espagnol, l'*alquerque*, qui donnera à la fin du Moyen Âge naissance aux dames, placées désormais dans les cases d'un échiquier, le damier.

Échecs, jeu importé
Le jeu d'affrontement le plus célèbre reste cependant les échecs.
Ils ont vu le jour en Inde, vers le Ve ou VIe siècle, peut-être avant, sous le nom de **chaturanga**, mot à mot « quatre *(chatur)* membres *(anga)* », rappelant les quatre corps de l'armée de l'Inde ancienne : chars de combat, cavalerie, éléphants, infanterie. On y joue à quatre joueurs, sur une table rituelle de 8 x 8 cases, symbole de l'ordre cosmique. Chaque armée de huit pièces, un roi, un éléphant, un cheval, un navire et quatre fantassins, se signale par une couleur – noir, vert, jaune, rouge –, les pièces avançant par tirage au sort. Au VIe siècle, le jeu évolue, passe en Perse ; le tirage au sort disparaît, les joueurs ne sont plus que deux. Les pièces sont désormais un roi, un vizir, deux chevaux, deux éléphants, deux rukhs ou *rocs* (le roc est un rapace fabuleux), et huit pions. Conquérant la Perse au VIIe siècle, les Arabes s'entichent de ce jeu et le propagent au fur et à mesure de leurs conquêtes. Les échecs arrivent en Occident à la fin du Xe siècle. Ils continueront d'y évoluer jusqu'à l'époque moderne.

> « Bardin savait, oui. La riposte directe était impossible. Mais comme au jeu d'échecs, il fallait savoir faire jouer les grosses pièces. »
>
> Jean Amila, *Jusqu'à plus soif*, 1962.

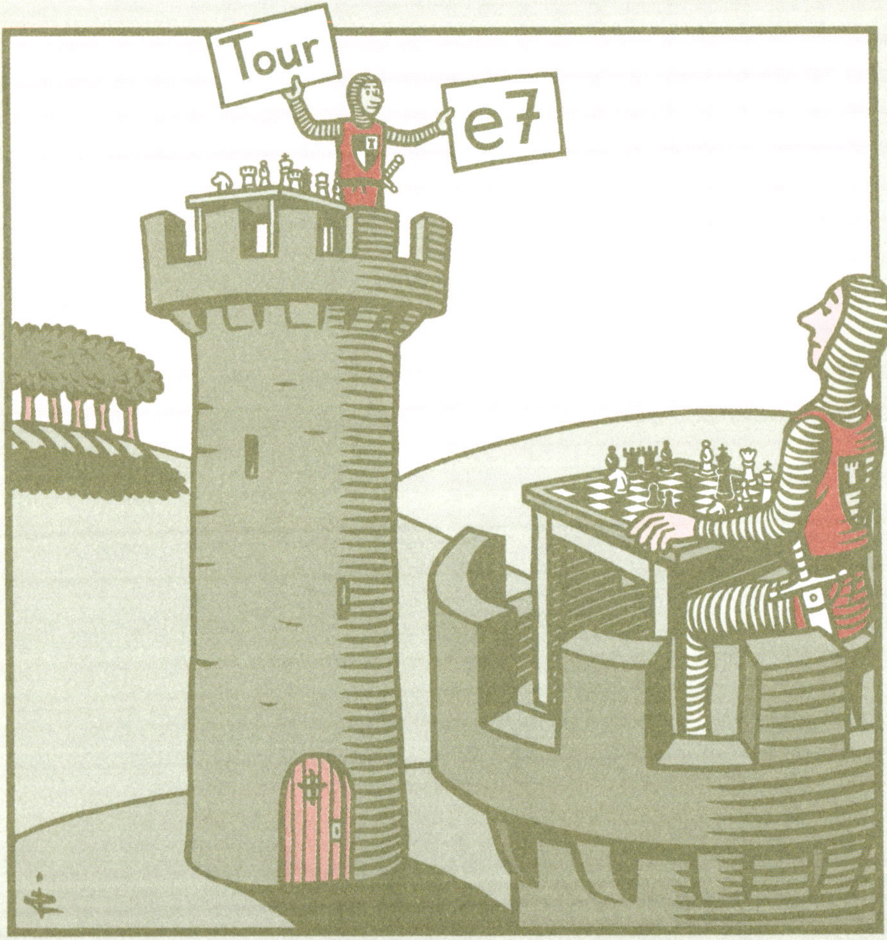
Tour
e7

DU RUKH À LA TOUR EN PASSANT PAR LE ROC

Confrontés aux pièces d'échecs arabes, les hommes du Moyen Âge occidental furent contraints d'interpréter ce qu'ils voyaient ou entendaient (souvent mal). Ainsi, le *shah* est resté le roi, les fantassins *(baidaq)*, des pions (du latin *pedo, pedonis*, littéralement « piéton ») et les *faras*, des cavaliers. En revanche, le *rukh* perse, ne correspondant à rien dans l'univers mental occidental, est devenu en latin *rochus*, puis *roc*, figuré par divers animaux avant que les ailes stylisées du *rukh* des pièces arabo-persanes n'aient été assimilées aux créneaux d'une tour, au XIVe siècle. L'éléphant, *al fil*, devint *alphinus* en latin, *alphin*, *auphin* en français. Les deux pointes de ses défenses furent prises pour les cornes d'une mitre d'évêque ou du bonnet d'un bouffon, il devint le *fou*. L'évolution la plus étonnante reste cependant celle du vizir, conseiller du roi, appelé dans le jeu persan *farzin* ou *firzan*. Les joueurs comprirent « fiers », soit en ancien français la *fierge* ou la Vierge, transformée en reine toute-puissante à la fin du Moyen Âge. ■

Mort au roi
Les échecs sont le premier jeu à avoir instauré la victoire avec la mort du chef. L'expression *échec et mat* signalant la fin du jeu signifie littéralement « le roi est mort », de l'arabe *mata* « mort » et du persan *shah* « roi », mot qui laisse le nom au jeu. L'ensemble des pièces est appelé, au Moyen Âge, la *maisnie* (la maisnie étant l'ensemble des personnes d'une même maison mais aussi la suite d'un roi, son armée). La partie d'échecs est donc l'affrontement de deux *maisnies* avec, en avant-ligne, les pions, mot qui désignait autrefois les fantassins, les soldats qui marchaient à pied au combat, littéralement les « piétons ». Le changement le plus notable dans le jeu à cette époque reste cependant l'évolution de la reine. À son arrivée en Occident, elle n'a qu'un rôle limité, se déplaçant dans tous les sens mais d'une seule case à la fois. À la fin du Moyen Âge, elle bénéficie d'une puissance de tir comparable à celle des canons, nouveaux venus dans l'art de la guerre. Il faut y voir sans doute l'influence à la fois du culte de la Vierge et de l'amour courtois, et peut-être l'exemple de la redoutable Isabelle la Catholique, reine d'Espagne et fort bonne joueuse d'échecs.

Dernier avatar du chaturanga ?
L'hypothèse, avancée dès le XIXe siècle, selon laquelle le chaturanga (voir p. 57), avec ses quatre couleurs et ses pions hiérarchisés, aurait donné naissance aux jeux de cartes occidentales, reste très séduisante, même si elle n'est pas prouvée. La seule chose dont on soit sûr est que les cartes (du latin *charta*, papier) sont

apparues en Europe à la fin du XIVe siècle, simultanément en Allemagne du Sud et en Italie. D'emblée, elles ressemblent à celles que nous connaissons avec leurs figures et leurs quatre couleurs : bâton, épée, coupe, denier en Italie et en Espagne ; gland, feuille, cœur, grelot en Allemagne ; gland, fleur, blason, grelot en Suisse. À la fin du XVe siècle apparaît à Lyon le premier jeu de cartes dit « français » : pique, cœur, carreau et trèfle. Sans doute des symboles militaires, le trèfle, la garde de l'épée, le pique, la lance pointue, le carreau, la bannière et le cœur, l'écu. Le langage populaire a transposé ces figures, le trèfle étant nommé **herbe à lapin** ou **aux veaux** dans l'Ouest (Poitou, Charentes, Vendée) ou **triolet** dans le Dauphiné. Mis à part quelques différences (les deux valets des jeux de cartes allemands), les cartes se présentent généralement comme une série de 13 cartes, trois honneurs et 10 cartes de points, la plupart du temps de valeur moindre, surnommées **vides** en wallon. Le principe des atouts, cartes d'une série qui l'emporte sur les autres, apparaît dès le XVe siècle, mais sous le nom de **triomphe**, terme toujours utilisé en Belgique. En général, l'atout est choisi en retournant une carte du talon, la **tourne** (Beaujolais, Ain, Périgord). Certains jeux aiment cependant donner une valeur particulière à une carte : dans le jeu wallon du **match (troulla** à Andenne), la carte maîtresse est la dame de trèfle, juste avant le **spitch** (sept de trèfle). Au **reversis**, jeu de levées « à l'envers », c'est-à-dire où il fallait éviter de remporter des plis (d'où son nom), fort apprécié à la cour de Versailles, le valet de cœur, ou **quinola**, donnait l'avantage.

« [...] vers l'âge de sept ans, j'ai été prise d'une passion violente pour les cartes. Pas pour le jeu, pour les cartes elles-mêmes, pour tous ces êtres culs-de-jatte à deux têtes, culs-de-jatte et manchots, la tête à l'envers, le bras à l'envers, à l'envers d'eux-mêmes, retournés contre eux-mêmes et refusant leurs jambes, ces personnages haut placés inconnus d'eux-mêmes et sans domicile, mais régnant sur de nombreux sujets, trois et quatre de la même couleur. »

Marina Ivanovna Tsvétaeva, *Le Diable et autres récits*, 1979.

Premiers jeux rudimentaires

Les premiers jeux de cartes pratiqués à la fin du Moyen Âge étaient pour la plupart de simples jeux de hasard. En bref des jeux d'argent, redoutables à bien des bourses, et souvent excessivement rudimentaires, comme le jeu de l'**hère**, cité par Furetière : on distribuait une seule carte par personne, le joueur ayant la plus basse perdant sa mise, la pire étant l'as, ou *hère*… Ce type de jeux eut beaucoup de succès durant l'Ancien Régime, de même que le **lansquenet**. Ce jeu, apparu au début du XVIe siècle, portait le nom des soldats qui le diffusèrent (des fantassins allemands employés comme mercenaires), ce qui donne un peu le ton. C'était en effet un de ces jeux brutaux de hasard pur : le banquier (celui qui donne) tirait une carte, la sienne, puis une autre carte, celle du *carabin* (le joueur). Puis le banquier mélangeait le jeu dont il tirait les cartes une à une. La sortie d'une carte équivalente à celle du carabin valait victoire au banquier. En revanche, si la carte du banquier sortait la première, le carabin gagnait. Dans ce cas, on disait que celui qui avait coupé avait donné au banquier un vilain **coupe-cul**, **jouer une partie à coupe-cul** désignant les parties qu'on ne désirait pas voir s'éterniser outre-mesure. Si la chance tournait mal, on préférait alors laisser sa place à un tiers, on jouait **à cul levé**, expression subsistant en Franche-Comté dans un sens différent : elle se dit lorsque celui qui fait la donne ne joue pas. Le lansquenet avait cependant ceci de civil qu'il laissait une seconde chance à qui avait perdu sa mise au premier coup : il pouvait jouer une deuxième carte, sa **réjouissance**.

LE DESTIN DU BRELAN

En ancien français, le *brelan*, *berlan* ou *berlenc* (du haut allemand *bretling* « planche, table »), est une table sur laquelle on joue aux dés. Puis le mot désigne un jeu à trois dés, dont le but était apparemment d'obtenir trois fois le même nombre. Au XVIIe siècle, le brelan est devenu un jeu de cartes, où il s'agit, chacun ayant trois cartes en main, d'obtenir trois cartes de même valeur, combinaison gagnante appelée **tricon** (fredon pour les prudes !). La Vendée connaît toujours une variante de brelan qui se joue à quatre, le **giles** ou **gilot**. Souvent interdit par les autorités, ce jeu se pratiquait autour d'une table circulaire comportant en son centre un **cassetin** ou **corbillon**, sorte de sébile destinée à recevoir les mises. Le jeu fit tellement fureur que le terme *brelan* a fini par désigner une maison de jeu d'argent (tenue, cela va de soi, par le *brelandier*), puis par l'emporter sur *tricon*, pour désigner aujourd'hui une « série de trois cartes à même figure ». ■

Bour et bour...

Les XVIIe et XVIIIe siècles voient la naissance des jeux de réflexion, des jeux à levées complexes comme le **piquet**, premier jeu à bénéficier d'une règle imprimée, ou le **jass**, en Suisse, un jeu qui panache les principes de levées *(plis)* et de combinaisons : de la plus faible (trois cartes consécutives de la même couleur, annoncée *trois cartes !*) à la plus élevée (quatre valets, *deux cents !*), le **stöck** ou **stoeck** (prononcé « chteukr »), roi et dame d'atout, s'annonçant à la pose de la seconde des deux cartes. Le jass se joue avec 36 cartes, et une couleur d'atout, dont la carte maîtresse est le *buur*, ou **bour** (pour l'allemand *Bauer*, « paysan », c'est-à-dire le valet), suivie du **nell**, ou **nel** (le neuf), puis de l'as, du roi, etc. Lorsqu'un joueur joue une carte maîtresse, il peut l'annoncer à son partenaire par un « **bock !** » sonore, afin que celui-ci réserve pour une autre fois une éventuelle carte plus forte. Ce jeu très populaire, joué à l'abattage du cochon pour quelques pièces de charcuterie **(jass aux [jambons] fumés** ou **match au cochon)**, a donné différentes expressions suisses, comme **chinder** ou **schinder** (jouer une carte faible et garder la plus forte pour une meilleure occasion), désormais synonyme de *bluffer* (mais aussi « tricher » !), ou *être pomme avec le bour* (la **pomme**, ou **poutz**, équivalant à zéro dans le décompte) pour désigner quelqu'un de peu déluré. Le **chibre** (de l'allemand *schieben*, « pousser ») est une variante dans laquelle le joueur appelé à choisir l'atout peut laisser cette prérogative à son partenaire.

> « *Dans le courant de la soirée, tandis que Gaugrand et Minon faisaient leur piquet, elle avait même annoncé que, dans ces conditions, elle reprendrait ses leçons de dessin. […] À peine posée sur sa chaise, tant le jeu l'excitait, Minon picorait ses levées tandis que Gaugrand ramassait les siennes d'une patte puissante et pensive. Denise était assise près d'eux, un peu plus bas, sur le canapé et, les mains au menton, suivait le jeu.* »
>
> Félicien Marceau, *Les Élans du cœur*, 1955.

La belote, bel atout ?

Mais il faut attendre le XIXe siècle pour que les cartes obtiennent vraiment leur statut de jeu familial. La manille, venue d'Espagne à cette époque, connue sous le nom de tonkin dans la Drôme et en Ardèche avec de très légères variantes, et la belote, apparue en France au début du xxe siècle, sont les archétypes des jeux de cartes populaires. La belote est très semblable au jass, dont elle semble descendre, à ce point près que l'usage de l'atout est beaucoup plus contraignant, obligeant notamment à monter. Quant au principe de l'appel (chame à Marseille et dans le Var), par lequel il faut faire comprendre à son partenaire quelles cartes maîtresses on a dans son jeu, il a été immortalisé par Pagnol.

> « *César : Quand tu me parles sur ce ton, quand tu m'espinches comme si j'étais un scélérat, eh bien, tu me fends le cœur.*
> *Panisse : Allons, César...*
> *César : Oui, tu me fends le cœur. Pas vrai, Escartefigue ? Il nous fend le cœur.*
> *Escartefigue, ravi : Très bien !*
> *Il jette une carte sur le tapis. Panisse la regarde, regarde César, puis se lève brusquement, plein de fureur.* »
>
> Marcel Pagnol, *Marius*, acte III, scène 1, 1929.

Coinche !

La belote connaît de nombreuses variantes, comme la **tourne** (Beaujolais, Ain, Ardèche) ou la **vache** (Beaujolais, Ain, Lyonnais, Drôme) ou encore la **coinche** (dans toute la vallée du Rhône) : l'atout est choisi par un système d'enchère, chaque joueur annonçant les points qu'il pense faire. Cette dernière ne doit cependant pas être confondue avec la **manille coinchée**, variante de la manille dans laquelle le choix de l'atout est réservé au donneur. Liberté est cependant donnée, à qui pense avoir meilleur jeu, de contrer, *coincher* en tapant du poing sur la table (haute Bretagne, Poitou, Charentes et Vendée).

Le rituel des jeux de cartes

Si les règles changent d'un jeu à l'autre, tous les jeux de cartes s'appuient sur des rituels auxquels personne ne dérogerait. Il faut ainsi toujours commencer par battre les cartes, les **carter** (Nord et Pas-de-Calais), les **macher** (Ardennes). Puis le joueur placé à côté du donneur (celui qui a **la tourne**, ou **la vache** à Lyon) les coupe ou les **frandeille** (Isère) avant de les distribuer. La distribution (**batte** dans les Ardennes, **tourne** à Lyon) se fait dans le sens des aiguilles d'une montre, ou en sens inverse (sens trogonométrique) selon les régions, une par une ou par deux ou trois selon les règles d'usage, en constituant parfois un talon, appelé **plot** en Suisse. Le premier joueur annonce les enjeux si besoin, même s'ils sont symboliques, comme dans le **jeu à châtaigne cuite** (jouer avec des châtaignes pour enjeu dans les Alpes). C'est à lui de commencer, il a la main, il est **sous la gouttière** (Vendée, Poitou, Charentes, Périgord). Peut-être a-t-il un bon jeu : il **vougne** (Jura), il est **sous la goulotte** (Champagne), il a de l'**ébat** (Franche-Comté), du **machot** (Ardennes), du **macha** (Nord). Dans ce cas, il peut espérer faire toutes les levées, on disait autrefois **faire volte**. S'il avait perdu jusque-là, c'est le moment de se refaire, **se rempichoter** (en Franche-Comté et dans le Jura). Parfois le hasard fait mal les choses, on n'a aucune carte d'une couleur, c'est la **renonce**, ou, pire, on n'a en main que des cartes minables : on est sûr de perdre, on n'est vraiment pas au-dessus de **palente** (du nom d'un quartier de Besançon, en Franche-Comté).

LE COUYON OU COUILLON

Le couyon, jeu wallon, se joue à deux équipes de deux joueurs, avec 24 cartes (de l'as : 4 points, au neuf : 0 point). Les équipes commencent avec 13 points (ou lignes), le but du jeu étant de s'en débarrasser. Trois cartes sont distribuées à chacun, le premier joueur désignant l'atout (mêmes valeurs que les couleurs), la dame de trèfle étant cependant toujours plus forte que le roi d'atout. Une fois l'atout choisi, quatre cartes sont mises au blind (talon) et les huit cartes restantes distribuées. À la première main, celui qui a la dame de pique annonce mite : cette carte devient carte d'atout, surpassant la dame de trèfle. À cette annonce, l'équipe adverse peut contrer (Contra !) si elle espère faire mieux, elle-même pouvant être surcontrée.

Si le premier joueur, celui qui a choisi l'atout, perd, il obtient une couille (ou malus), c'es-à-dire une « ligne » ou point supplémentaire, tandis que l'autre équipe s'en débarrasse d'une. ■

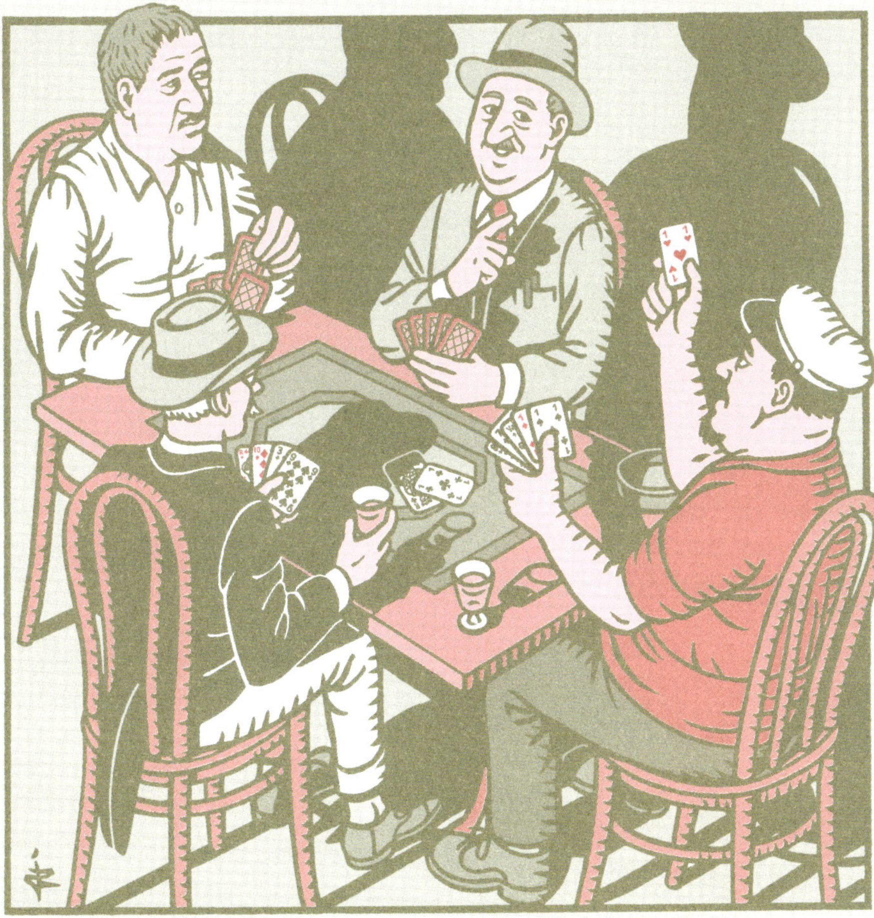

6 Les aléas des jeux de hasard

Répandant alentour une piquante odeur de soufre – les soldats n'ont-ils pas joué aux dés la tunique du Christ ? –, les jeux de hasard ont définitivement laissé derrière eux leur innocence. Là où les autres jeux transfigurent objets et actions de la vie sociale en jouets et gestes ludiques (le tir, geste de chasse à l'origine, est devenu un jeu d'adresse), les jeux de hasard, essentiellement jeux d'argent, compagnons de la nuit et de l'obscurité, transgressent les règles d'obtention des gains : la bonne fortune efface les vertus du travail ! Le labeur est devenu le dindon de la farce.

Ciel mon pari Jouer à un jeu de hasard

(**tirloter** dans le Nord et le Pas-de-Calais, **guimbler** en Louisiane), c'est essentiellement faire le pari que tel nombre sortira aux dés, ou que telle carte sera dans le jeu. Il s'agit de mettre en équivalence deux possibilités absolument égales, une « paire », au vrai sens du terme : *parier*, jusqu'au XVe siècle, c'est « apparier, accoupler ». Le terme ne prend son sens d'« engager un enjeu dans un pari » qu'au XVIe siècle. Auparavant, on utilisait le mot **gage**, « gageure » (habitude qu'ont d'ailleurs gardée les Québécois), du francique *waddi*, « gage, promesse », avec une idée d'engagement personnel que n'a pas du tout le mot *pari* (**pariage** dans l'océan Indien). La différence est sensible, comme si

> « *Tenter une gageure, c'est exprimer une confiance en soi ; lancer un pari, c'est déjà s'abandonner au destin.* »
>
> Jean-Marie Lhôte, *Histoire des jeux de société*, 1993.

les jeux de hasard avaient pris un nouveau sens au tournant de l'époque moderne. On parie toujours contre un autre, voire une foule, dans le cas des tirages au sort des loteries, le sort ayant le rôle de juge suprême. Les jeux de hasard sont à leur façon des jeux de compétition : mais ce qui s'affronte c'est la faveur que le destin octroie aux joueurs, signifiée par le « hasard ». Tel est favorisé par le destin, au détriment de tel autre. Les jeux dans lesquels on ne parie pas avec un autre mais avec le sort, comme les réussites, s'apparentent davantage à de la divination.

Trimeleur contre grimelineur

Mais le pari, s'il est constitutionnel du jeu de hasard, n'est pas tout : il faut, et c'est essentiel, un enjeu au bout du compte. L'enjeu, c'est, dans son sens premier, l'« argent que l'on met en jeu au début de la partie et qui doit revenir au gagnant » *(Petit Robert)*. Le parieur désire toujours s'emparer de la mise d'un autre parieur, qui tient la **tope**, qui accepte de jouer la mise de celui qui dit « masse » (Furetière) ; jouer de l'argent, c'est d'ailleurs **jouer contre** en Côte d'Ivoire, sinon c'est **jouer simple**. L'enjeu des jeux de hasard est toujours matériel, la plupart du temps monétaire. Il doit, de toute façon, susciter la convoitise de l'autre, qu'on défie de venir l'attraper : l'**envi**, au XVIIe siècle, c'est la somme qu'on enchérit sur un premier enjeu, appelé la **couche** – *envi* vient du vieux français *envier*, « inviter, provoquer, défier », du latin *invitare* « faire venir, inviter », qui a donné l'expression « à l'envi », « à qui mieux mieux », « en rivalisant ». Il ne faut pas confon-

68

« *Faust* [...]
Si tu peux me flatter au point que je me plaise à moi-même, si tu peux m'abuser par des jouissances, que ce soit pour moi le dernier jour !
Je t'offre le pari !
Méphistophélès
Tope ! »
Johann Wolfgang von Goethe, *Faust*, 1790, trad. Gérard de Nerval, 1840.

dre *envi* avec *envie*, issu du latin *invidere*, « convoiter ». **Envier**, c'est faire une invite avec son enjeu, **renvier** c'est y répondre, renchérir une deuxième fois. Il y a alors les gros joueurs, les **trimeleurs** (Wallonie), qui **trimèlent** ou **billettent** (Charleroi). Ceux-là n'hésitent pas à jouer leur chemise. Les autres **grimelinent**, comme on disait autrefois, ce sont les **joureaux** de jadis qui **carabinaient** à la bassette ou au lansquenet en venant jouer deux coups et puis s'en allaient de peur de perdre leur culotte.

Le cube aléatoire
Le dé est le symbole du jeu de hasard, son parangon de vice à défaut de vertu, son âme damnée. Connus depuis l'Antiquité, les dés dérivent directement des osselets.

HASARD, CHANCE ET ALÉA

Aléa et *hasard* pourraient être deux faces d'un dé à jouer. En effet, ces mots remontent à deux termes d'origine étrangère : l'un latin, *alea*, l'autre arabe, *hasard*, tous deux désignant un jeu de dés ou un jeu de hasard.
Emprunté au latin, au XIXe siècle, *aléa* a pris le sens de « chance incertaine » ; *aléatoire* « incertain » vient d'un dérivé latin de *alea* qui signifie « qui concerne le jeu (de hasard) ». Qu'on se souvienne de la formule latine attribuée à César franchissant le Rubicon : *alea jacta est* « les dés sont jetés », « le sort en est jeté ».
Hasard vient de l'arabe *az-zahr*, par l'intermédiaire de l'espagnol *azar* « coup défavorable au jeu de dés ; sorte de jeu de dés ». Certains linguistes ont préféré une origine plus « fleurie » en faisant remonter ce mot à l'arabe *zahr* « fleur », parce qu'une fleur aurait été représentée sur l'une des faces du dé. Qui dit hasard, dit aussi *chance* ou... *dé*. *Dé* viendrait de *datum*, mot à mot « ce qui est donné », forme du verbe latin *dare* « donner ». Quant à *chance*, c'était à l'origine la manière dont tombent (latin *cadere*) les osselets ou les dés ; la manière dont ils choient, c'est ce qui échoit à quelqu'un, au hasard, selon les aléas du jeu. ■

Comme le dé se pipe, il se joue

Le dé prit plusieurs formes avant d'adopter le cube, sans doute au IIIe millénaire avant J.-C. La numérotation actuelle (la somme des faces opposées fait 7) ne s'est répandue qu'à la fin du Moyen Âge, époque à laquelle les jeux de dés font fureur : on ne connaît pas encore les cartes. Les fabricants de dés, les deyciers, ne sont assujettis à aucune corporation. Ils ont l'œil sur les pipeurs qui se plaisent à pervertir ces petits instruments qui tiennent dans le creux de la main : avec un fin tuyau, la *pipe*, ils y soufflent une charge pour l'alourdir, déplaçant le centre de gravité, afin d'accroître les chances de sortir le bon nombre. Les jeux de dés sont généralement très simples. La *rafle* (du haut allemand *raffen*, « emporter »), mot attesté au XIVe siècle, était un jeu avec trois dés ; le coup gagnant, un même nombre sur les trois dés, était la « rafle », qui permettait de *rafler* la mise. Le *trinquet*, appelé aussi *tringlet* ou *dringuelle*, consistait à parier sur une couleur (blanc ou noir) puis à lancer son dé sur un échiquier : si le dé tombait sur la couleur choisie au départ, on l'emportait. Les jeux de dés purs survivent encore, notamment sous la forme de jeux de comptoir, comme le 421 ou le yams, aux enjeux devenus généralement modiques. En Polynésie, cependant, le **kirikiri** ou **cricri**, qu'on joue habituellement lors des combats de coq, est théoriquement interdit en raison des sommes faramineuses mises en jeu.

> « Qu'on ajoute vingt groupes secondaires, les filles et les garçons de service courant avec des brocs en tête, les joueurs accroupis sur les billes, sur les merelles, sur les dés, sur les vachettes, sur le jeu passionné du tringlet, les querelles dans un coin, les baisers dans l'autre. »
>
> Victor Hugo, *Notre-Dame de Paris*, 1831, livre X chapitre 3.

> « Au jeu des idées, où elles sont partenaires, que trouve la raison face à la déraison ?
> – Un dé pipé. »
>
> Edmond Jabès, *Le Livre des Questions*, 1963, 1964, 1965.

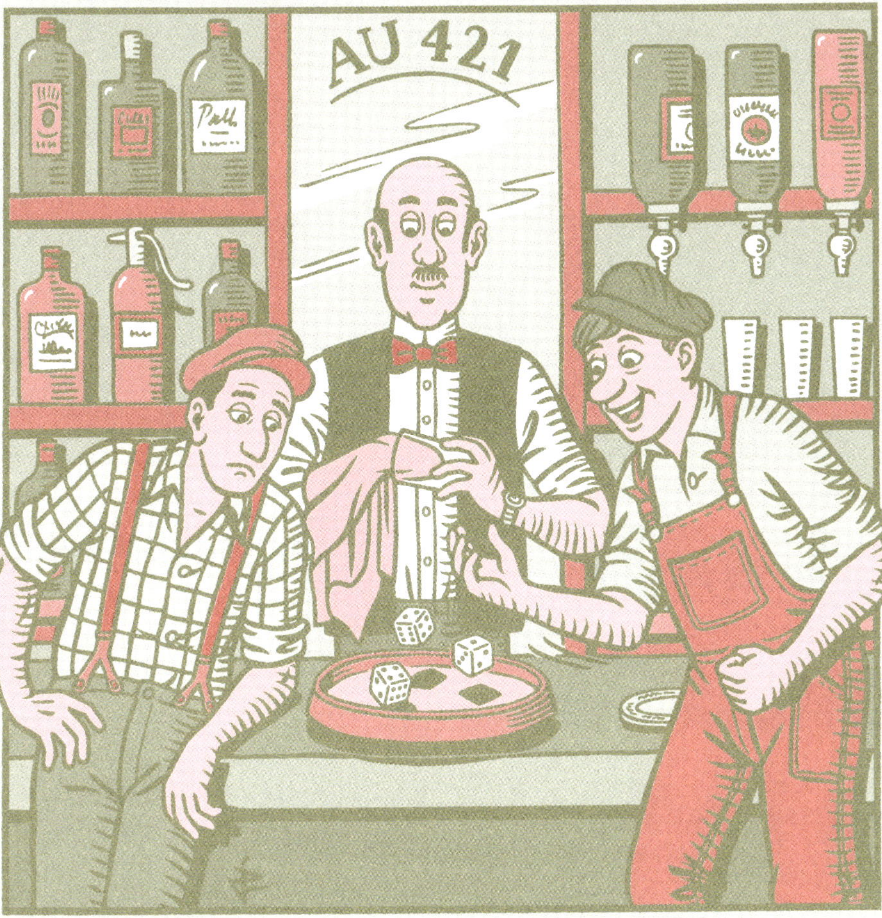
AU 421

Bassette et pharaon

Longtemps confinés dans les tavernes, dans des lieux clos à l'abri de la lumière du jour, les jeux de hasard voient leur destin changer avec l'apparition des cartes à jouer. C'est le règne des *grecs* et des ruines colossales. Au XVIIe siècle, la **bassette**, originaire de Venise, fait de tels ravages que Louis XIV se voit contraint de la faire interdire dès 1680. Peine perdue ; elle réapparaît sous le nom de *pharaon* (sans doute le nom du roi de cœur), jeu phare du XVIIIe siècle. Le pharaon réunit un nombre illimité de joueurs (les *pontes*) autour d'un banquier. Là aussi, il s'agit de parier sur la sortie d'une carte, les enjeux étant placés cette fois sur un tableau à plusieurs cases.

Jeux de tripot

Les jeux se pratiquent alors dans des tripots (voir p. 53), nommés aussi *brelans* ou *académies* de jeu, qui dépendent de la lieutenance générale de police, ou encore dans certains lieux privés autorisés par le roi. Outre les jeux de cartes et de dés, on y joue à des jeux comme le *hoca* ou le *biribi*. Le hoca, importé d'Espagne au XVIIe siècle, est un jeu de paris sur un tableau de 30 cases. Les pontes misent sur le tableau, le banquier tire un numéro d'un sac. Le numéro gagnant fait gagner 28 fois la mise. Le hoca est interdit en 1680 : peu importe, car apparaît aussi sec le biribi, un hoca sur 70 cases… qui fait gagner jusqu'à 60 fois sa mise ! Dans le **tourniquet**, ancêtre de la roulette, les numéros sortants sont cette fois désignés par une aiguille tournant librement autour de son axe.

LE CASINO

Seul établissement où les machines à sous et jeux d'argent de table sont autorisés, le casino tire son nom du mot italien, *casino*, diminutif de *casa* (« maison », « maison de filles » puis « de jeux »). Les casinos tels qu'on les connaît voient le jour dans les villes d'eaux allemandes et belges au milieu du XIXe siècle. ■

> « L'inégalité qui résulte de la loterie est évidemment la plus étrangère à la justice, et c'est pourtant la mieux supportée. C'est peut-être que l'injustice ne s'y trouve pas non plus, car toutes les chances sont égales ; et le public se plaît à suivre les démarches de cette Fortune, cette fois parfaitement aveugle. Tout est clair, tout est mécanique. Tout est poussé et secoué comme les choses poussent et secouent ; rien n'est voulu, si ce n'est cette totale impuissance d'une volonté quelconque. L'homme est alors délivré de mérite ou de démérite, notions qui font fermenter une discussion sans fin. »
> Alain, *Propos*, t. II, 1906-1936.

Belle blanque

Tout au long des siècles, les autorités n'ont cessé de promulguer édits et arrêtés pour juguler la passion ludique basée sur le hasard et les paris. À défaut de la faire disparaître, elles ont donc tâché de l'organiser et de la contrôler, n'hésitant pas, sous couvert de la moraliser, à en tirer profit à leur tour. Ainsi des loteries publiques. La première connue est le *lotto di Firenze* (1530). En 1539, l'idée ayant fait son chemin, François Ier accorde à un certain Jean Laurent permission d'établir une loterie… en échange d'espèces sonnantes et trébuchantes bien entendu. Dans les premières loteries, le tirage se faisait par le système de la **blanque**, nom par lequel on désigna d'ailleurs les loteries jusqu'au XVIIe siècle. On introduisait une épingle dans la tranche d'un livre contenant de nombreuses pages blanches (*blanques* de l'italien *blanca*, blanche), au milieu desquelles seules quelques pages portaient la mention d'un lot. La roue, désormais emblématique des loteries de foire (appelées **loto** au Québec, **tirlibibi** dans le Nord et le Pas-de-Calais), ne fit son entrée qu'au début du XIXe siècle.

Destin de la Loterie

Pour la première fois, les loteries mettent le jeu de hasard à la lumière du jour, l'introduisant au sein de la collectivité invitée à y participer en grand nombre. Pour la première fois également, l'organisation se fait indépendamment des joueurs. À partir du XVIIe siècle, des loteries fonctionnent régulièrement, la première Loterie royale ayant été instituée en 1660 à l'occasion du mariage de Louis XIV avec Marie-Thérèse d'Autriche. Après plusieurs péripéties, la Loterie royale est finalement interdite en 1836, et ne sera autorisée à nouveau qu'en 1933 sous le nom de Loterie nationale. Concurrencée par le Loto, cette dernière a été définitivement arrêtée en 1990.

Du loto au Loto

Dans cette nouvelle loterie qu'est le Loto, lancé en France en 1976, semblable au Loto Super 7 québécois (familièrement surnommé la **Super**), les joueurs n'achètent plus des billets mais cochent des numéros, qui sortent électroniquement. Le loto, appelé **quine** en Belgique, **rifle** dans le Languedoc et le Roussillon, **bingo** au Québec, n'est pourtant pas une nouveauté : il est né en Italie au XVIIIe siècle, sa forme se fixant pour le jeu privé au XIXe siècle. Il se joue en famille ou en public, au sein d'associations qui en récoltent les bénéfices pour renflouer la trésorerie.

Quine !

Dans une partie de loto, chaque joueur reçoit un ou plusieurs cartons, comportant une grille à trois lignes et neuf colonnes. Sur chaque ligne, cinq cases sur neuf comportent un nombre. Un meneur de jeu tire d'un sac, après avoir **boulegué** (mélangé en occitan), une boule ou un jeton sur lequel est inscrit un numéro qu'il énonce à voix haute. Si l'un de ses cartons comporte le numéro tiré, le joueur met un jeton, un **piton** au Québec, sur la case correspondante. Si les cinq cases numérotées d'une

« Qu'est-ce que Waterloo ?... un quine. Quine gagné par l'Europe, payé par la France. »
Victor Hugo.

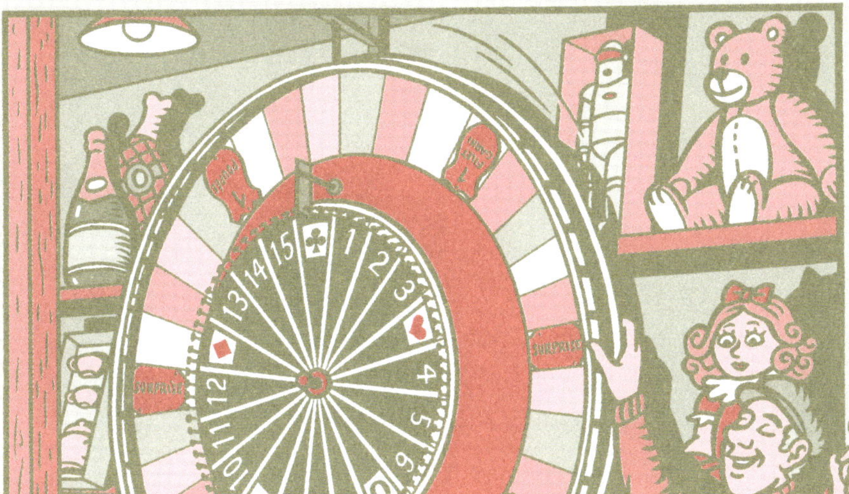

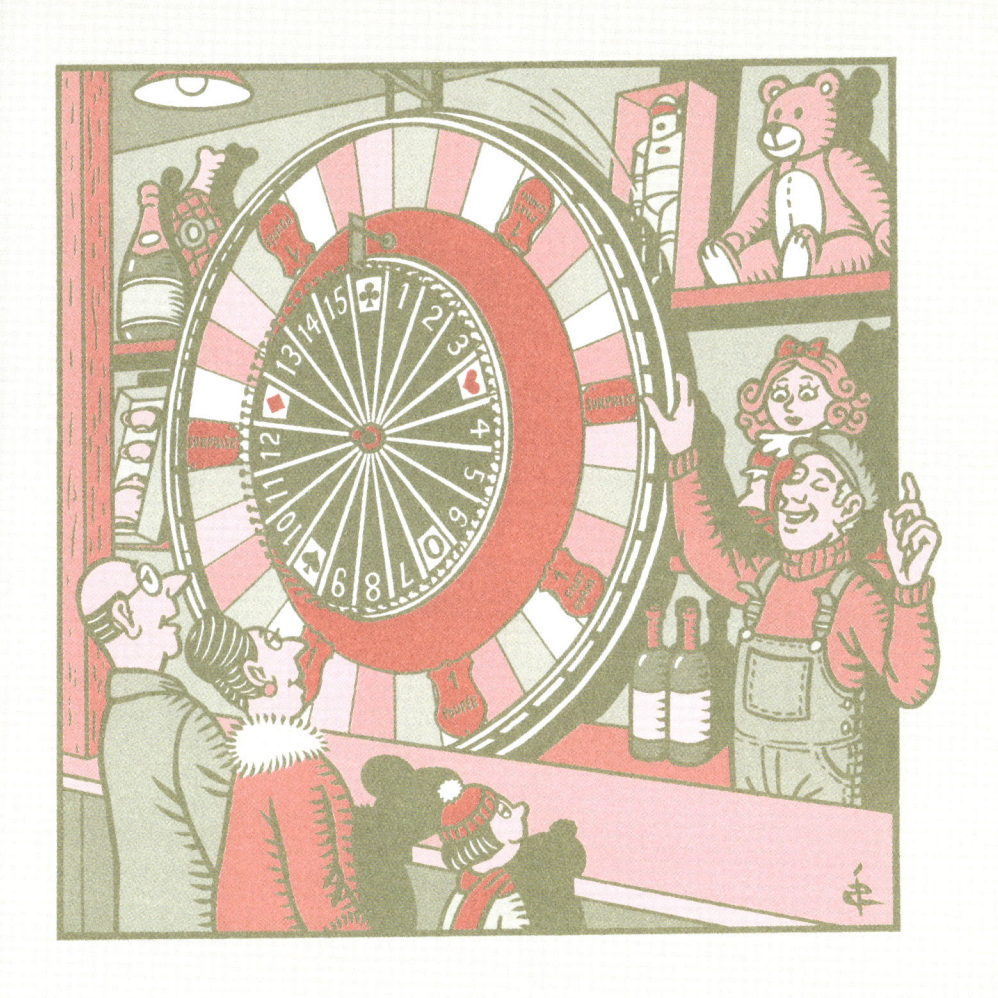

ligne sont remplies, il y a *quine*, c'est le **bingo** ordinaire du Québec ; si les trois lignes d'un carton sont pleines, il y a « carton plein », **full-house** aux Seychelles, **jackpot** au Québec.
Bientôt, tous les cartons sont pleins, les lots distribués. Il est temps de rentrer chez soi, c'est **quine**, *finished*, terminé (Wallonie).

LOT ET LOTO

Le français *lot* est un mot d'origine germanique, l'ancien bas francique *lot*, de même sens. On le retrouve dans différents parlers allemands, anciens et modernes, avec le sens de « sort, héritage », « billet de loterie », « parcelle ». comme dans le français *lotir* (un terrain, une propriété) au sens de « diviser en *lotissements* » ; *loterie* « jeu de hasard » fait évidemment partie de cette famille. L'histoire du mot ne s'arrête pas là. Emprunté par l'italien, *lot* est devenu *lotto*, désignant un impôt perçu au moyen d'un jeu de hasard obligatoire, hasard qui touchait donc tout le monde ! Le français a, à son tour, emprunté *lotto* à l'italien sous la forme *loto*. Le Loto, organisé par la Française des jeux, est une marque déposée. ■

« [...] *elle me dévisagera, soupçonneuse, et secouera la tête pour trouver une réponse, comme on secoue le pochon du loto pour en faire sortir le bon nombre.* »
Jean Giraudoux, *Provinciales*, 1909.

Le mot *quine* (masculin ou féminin) vient du latin *quinas*, « cinq chacun ». Il signifie à l'origine « cinq numéros pris et sortis ensemble ». ■

Pour aller plus loin...

- Robert Albouker, *Autour du billard*,
  Découvertes Gallimard, 1992.
- Guy Bonhomme, *De la paume au tennis*,
  Découvertes Gallimard, 199.
- Roger Caillois (sous la direction de), *Jeux et sports*,
  Encyclopédie de la Pléiade, 1967.
- Roger Caillois, *Les Jeux et les Hommes. Le masque et le vertige*,
  Folio Essais, 1967.
- Collectif, *Le Monde des jeux*, Chêne, 1987.
- Jean-Marie Lhôte, *Histoire des jeux de société*, Flammarion, 1993.
- Jean-Michel Mehl, *Les Jeux au royaume de France, du XIIIe
  au début du XIVe siècle*, Fayard, 1990.
- Pierre Parlebas, « Le destin des jeux : Héritage et filiation »,
  Socio-Anthropologie, n° 13 « Jeux/Sports » ; « Les jeux
  d'adresse », *Jouet Mag*, n° 9, Musée du jouet

Index

abat (faire l'), 40
alose, 45
appui (faire un), 45
arandon, 45
armures, 53
arocher, 27
arpes, 36
awélé, 56
babet (à), 28
baculot, 30
baiser Fanny, 47
baiser le cul de la vieille, 47
balayé, 13
ballants, 53
balle-pelote, 53
ballodrome, 53
balme, 43
barres (jeu des), 21
bassette, 72
bataille, 50
batestes, 20
bâtonnets, 30
batte, 64
baveux, 31
bé, 21
bec, 45
bec perché, 21
bertoles, 30
biberon, 45
bidant, 43
billard, 49
billard de quilles, 41
billard de terre, 48
billes, 32
billeter, 69
bingo, 74, 75

biôle, 43
blanque, 73
bloquer, 35
blouses, 48
bock, 62
boire, 45
bôner, 24
boucher, 24
bouchon (jeu du), 27
bouder, 24
boudin (faire le), 40
bouf, 14
boulco, 50
boule casse-côte, 50
boule de fort, 43
boulegué, 74
bouler, 9, 35, 46
boulingrin, 42
bouloir, 41, 42
boulon, 33, 43
boulou, 43
bour, 62
brelan, 61
bricole, 48
brille, 45
brire, 45
brochet, 46
buller, 36, 46
bullon, 43
buter, 33
cacabelette, 17
cache ou ilai cachant, 24
cache-cache mâillotte, 25
cache-cache mitoulas, 24
cache-cache Nicolas, 24

cache-cachotte, 24
cachette, 24
cachette délivrante, 24
cadre, 43
calendrier (jeu de), 31
calome, 17
camarrer (se), 24
capefol, 22
capie
capote, 13
carabiner, 69
carambolage, 46
carreau, 45
carrom, 49
carter, 64
casino, 72
casse-œufs, 18
casseur, 45
cavaler le but, 45
cèbe, 8, 20
cève, 20
chalé, 13
chamboule-tout, 28
chame, 63
chancogne, 43
chapifou, 22
char, 55
charret, 55
chasse, 52
châtaigne cuite (à), 64
chatrelet, 35
chaturanga, 57
chibre, 62
chicagneur, 12
chicatet, 30
chinder, 12, 62

chistera, 53
choule, 38, 50
choulet, 50
cinq, 45
classe (à la), 28
cligné, clignet, 24
cligner, 21
clignette, 24
clos, 43
clos-porte, 48
clugné, 21
clugner, 24
clugnet, 24
clumer, 24
coinche, 63
coin-coin-souche, 20
coller, 24
coller (se), 45
colin maillard, 22
consolante, 14
coq, 35
coquiner, 12
couche, 68
cougner, 24
couillon, 64
coulancher, 17
couler, 46
coulinière, 46
couloir (faire un), 40
coupe-cul, 61
coupe-tête, 18
couque caché, 24
couque maillé, 24
couquette (faire), 16
courailler, 20
courate, 21

coustiques, 17
cousu, 13
coutel-mourrou, 25
cricri, 70
croche, 12
cul levé (à), 61
culotte (à la), 28
cumulets, 17
cupesser, 17
curé, 41
dames, 41
darné, 9
démarquer, 45
dépinquer, 38
déquiller, 9, 38
desquiller, 38
deux (faire la), 36
dévisté, 24
djise, 30
dormeuse, 45
dormir, 24
draille, 43
ébat, 64
échecs, 59
enguignoter, 9
entrôner, 9
entropiner, 9
envi, 68
envier, 69
équisses, 31
escarge, 8
escouviller, 27
esteuf, 50
étaque, 43
évalinguer, 27
Fanny, 47
fanny (faire une), 47
filou, 12
filouster, 12
folâtreries, 25
fourchas, 17
frandeille, 27

frandeiller, 64
frappe-main, 22
frouilleur, 12
frouillon, 12
full-house, 75
futèle, 30
gage, 67
gagne, 47
gagné, 13
garagnasses, 8
garguillon, 42
garrocher, 27
gicles, 31
giclets, 31
gigot, 21
glissoire, 17
globilles, 32
gnac (à), 16
go, 8
gobilles, 32
gone, 43
gouillette (coup de), 46
goulotte (être sous la), 64
gouttière (être sous la), 64
gratteux, 7
grenouille, 49
gribouillette, 50
grimeliner, 69
grippette, 18
groumer, 24
guiches, 31
guiller, 9
guilles, 38
guimbler, 67
guise, 30
haricoter, 12
hasard, 69
herbe à lapin, 60
herbe aux veaux, 60
hère, 61
jack-pot, 75

jarjille, 16
jass, 62, 63
Jean la fille, 8
jeu des pièces, 49
jiclets, 31
jouer à couc, 24
jouer à cute, 24
jouer à vistre, 24
jouer contre, 68
jouer simple, 68
jouereaux, 10, 69
jouerie, 7, 46
jouettes, 8
jouvente, 17
kadadak, 16
kirikiri, 70
kisses, 31
labourer, 40
lansquenet, 61
lavé, 13
lè, 43
lipato, 21
longue, 43
loto, 73, 76
loup, 21
loup-cachette, 24
loup-couru, 24
ludo, 56
lutte, 53
macha, 64
macher, 64
machine à boule, 49
machot, 64
macro, 12
mail, 48
maire, 21
maître, 43
manboulouk, 12
mancalas, 56
manille coinchée, 63
marbres, 32
marelle, 28

mascogner, 12
masqué, 13
match, 60
mène, 43
mère, 18
mettre ses uns, 35
mijole, 49
mirer, 27
Mississippi, 49
moraillé, 13
mort, 13
mottes, 21
mouche, 20
mourre, 25
narri, 45
nel, 62
nell, 62
nez (faire un), 45
noce à Thomas, 28
noyon, 42
œil-de-bœuf, 33
pageler, 9
pailler, 9
pair ou à non (à), 25
palas, 53
palente, 64
palet, 43, 49
palette, 28
palmer, 9
palot, 28
pariage, 67
pasaka, 53
passe-boules, 49
passe-mail, 48
passer outre, 53
pate (à), 21
patte, 21
patte perchée, 21
paume, 50
paumelle, 22
paumer, 43
pelote congolaise, 53

péquègne, 43
pétadous, 31
pétanque, 47
pétards, 31
péter la miaille, 45
pet-et-poque, 33
petit, 43
petit-cochon, 20
pichenolles, 49
picon, 30
piécoco, 17
piéder, 9
piéter, 40
piou, 28
pipeur, 10
piquet, 62
pisti, 30
piton, 74
placer, 46
plantier, 41
plié, 21
plomber, 9
plombiner, 9
plot, 64
ploumer, 9
pluit, 24
plumé, 13
plumer, 24
pognes, 36
poing-poing-cugne, 20
poing-poing-souche, 20
pointage, 46
pointée, 46
pointeur, 45
pomme, 41, 62
poque, 33

poquer, 35
portée, 46
postures, 21
pot, 33
pote, 33
potet, 33
poutz, 62
puce, 21
quarante-et-cinq, 52
quélé, 13
quénet, 30
quiller, 35
quiller, 9, 41
quilles, 41, 42
quilleur, 40
quilleuse, 40
quillier, 41
quine, 8, 47, 74, 76
quinet, 17, 30
quinola, 60
rabat, 53
rachasser, 52
ragache, 46
rampeau, 40
ranche-franche (à), 28
rané, 13
raquette, 52
rebot, 53
rechasser, 52
réjouissance, 61
rempichoter (se), 64
renonce, 64
renquiller, 40
renvier, 69
repiné, 13
requé, 13

requiller, 40
reversis, 60
rifle, 74
roqué, 13
roule-barrique, 17
roulinette, 46
rucher, 27
ruer, 27
saute-tarau, 17
schinder, 62
semelle, 18
siblets, 31
sirandane, 25
souffle, 31
soule, 38, 50
spitch, 60
stöck, 62
stoeck, 62
Super, 74
table, 56
tag, 21
taillette, 30
tamis, 53
tape, 21
taperets, taprets, 31
tapottes, 31
tatouille, 16
tenir, 46
téter, 45
tic-tac-toc, 55
tiquer, 33
tir au poigne, 20
tirailler, 20
tire, 40
tirer, 45
tireur, 45

tirlibibi, 73
tirloter, 67
tocus, 31
toler, 24
tonkin, 63
tope, 68
tordu, 13
touche-à-tout, 21
touche-touche, 21
toupie, 36
tourne, 60, 63, 64
tourniquet, 72
trichage, 12
trictrac, 56
trimeler, 69
trimeleur, 69
trinquet, 53
triolet, 60
triomphe, 60
tripot, 53
trissettes, 31
trou, 45
trouer, 9
troulla, 60
trou-madame, 48
vache (avoir la), 64
vache, 63
valet, 41
veiller sa donnée, 45
vides, 60
vingter, 35
viorner, 20
virée, 41
visou, 28
volte (faire), 64
vougner, 64

Dans la même collection

Ripaille et marmitons, les mots de la table
Carafes et alambics, les mots du vin et autres boissons

N° d'éditeur : 10142485
Dépôt légal : octobre 2007
Imprimé en France
Imprimerie Pollina - n° L44504